LES PARADOXES DV SEIGNEVR DE MALE-STROICT, CONSEILLER DV ROY,

& Maistre ordinaire de ses comptes, sur le
faict des Monnoyes, presentez à sa Maiesté, au mois de Mars, M. D. LXVI.

Auec la response de M. Iean Bodin
ausdicts paradoxes.

A PARIS,
Chez Martin le Ieune, rue S. Iean de
Latran, à l'enseigne du Serpent.
1568.

PREMIER PARADOXE.

Que lon se plaint à tort en France de l'encherissement de toutes choses, attendu que rien n'y est enchery puis trois cens ans.

DEUXIESME PARADOXE.

Qu'il y a beaucoup à perdre sur vn escu, ou autre monnoye d'or & d'argẽt, encores qu'on la mette pour mesme pris qu'on la reçoit.

PARADOXES
DV SEIGNEVR DE MALESTROICT, SVR LE faict des Monnoyes.

AV ROY.

SIRE, *ayant trauaillé trois ans tant par cōmandemēt de vostre Maiesté, que par ordõnance de vostre Chābre des comptes, au faict des Monnoyes, à elle rēuoyé pour vous en donner aduis: & d'autant que la chose qui plus nous doibt inciter d'y regarder de pres, c'est l'estrāge encherissement que nous voyons pour le iourd'huy de toutes choses: Lequel cōbien que chascun, tant grand que petit, le sente à sa bourse: si est-ce que peu des gens peuuent gouster la source & origine de ce mal, laquelle fault necessairement tirer du fons & abysme desdictes monnoyes, & icelle demonstrer par raisons grandement paradoxees, c'est à dire, fort esloingnees de l'opinion du vul-*

gaire. Il m'a semblé, Sire, q̃ pour traicter la matiere selon son naturel, & attendant faire paroistre à vostre M. vn plus grand fruict de mon labeur, ie ne pouuois mieux faire, pour acheminer l'œuure, que de mettre en auant les deux Paradoxes que i'ay osé presenter à vostre Maiesté, à fin qu'ils en soyent mieux receus & veus par tout: & que estans bien entenduz, chascun cognoisse le tort qu'il se faict d'encherir, mettre & allouer lesdictes monnoyes par dessus le pris de voz Ordonnances. Lesquelles par ce moyen seront mieux gardees, qu'elles n'ont accoustumé: dont aduiendra à vous premierement, Sire, puis à voz subiects, vn grand & incroyable profict.

Vostre treshumble & tres-obeissant subiect & seruiteur,

DE-MALESTROICT.

PARADOXE
PREMIER.

Que lon ſe plainct à tort en France de l'encheriſſemẽt de toutes choſes, attẽdu que rien n'y eſt enchery puis trois cens ans.

DEPVIS que l'ancienne permutation a eſté commuee en emption & vendition, & que la premiere richeſſe des hõmes qui conſiſtoit en beſtail, a eſté transferee à l'or & à l'argẽt, par leſquels toutes choſes ont depuis eſté eſtimees, vendues & appreciees, & par conſequent ſont iceux metaux les vraiz & iuſtes iuges du bõ marché, ou de la cherté de toutes choſes.

Lon ne peut dire qu'vne choſe ſoit maintenant plus chere qu'elle n'eſtoit il y a trois cens ans, ſinon que pour l'achepter il faille maintenant bailler plus d'or ou d'argent que lon n'en bailloit alors.

Or eſt il que pour l'achapt de toutes choſes, lon ne baille point maintenant plus d'or ny d'argent que lon en bailloit alors.

Doncques, puis ledict temps rien n'eſt

enchery en France.

Les maximes sont claires.

La mineure se prouue en ceste maniere:

Du temps du Roy Philippes de Valoys, qui cõmença à regner en l'an mil trois cens vingt huict, l'escu d'or aux fleurs de lis, sans nombre aussi bon, voire meilleur en pois & aloy que les escuz soleil de maintenant, ne valoit que vingt sols tournois. Et combien que lors l'aulne de bõ velours ne valust que quatre liures, pour payer ces quatre liures falloit bailler quatre escuz, ou mõnoye d'argent à l'equipollent. Ladicte aulne de velours, encores qu'elle couste maintenãt dix liures, qui sont six liures d'auantage: neantmoins pour payer ces dix liures, ne faut que ladicte somme de quatre escuz, à raison de cinquante sols piece, comme ils sont par ordonnance, ou mõnoye d'argent à la valeur. Doncq̃s ladicte aulne de velours n'est poĩt maintenant plus chere, qu'elle estoit alors.

Il y a pareille raison pour toutes autres marchandises de garde, que les marchans appellent Latines.

Si nous regardons aux autres marchandises qui sont plus perissables, cõme bleds, vins, & autres semblables, nous y trouuerons

rons pareille raiſon. Mais pour en faire le compte,il n'eſt pas raiſonnable de nous fon der ſur ceſte annee, qui eſt la plus eſtrãge & irreguliere qui ait parauanture iamais eſté veuë en France,que les bleds & vins ont eſté quaſi tous perdus, voire le boys des vignes & les noyers gelez. Nous prendrons doncques vne annee cõmune, cõme lon a accouſtumé faire en l'eſtimatiõ des choſes caſueles & incertaines, & mettrõs le muy de vin moyennemẽt bõ, à douze liures tournois.

Et viendrõs au Roy Iehan ſucceſſeur dudict Philippes,qui cõmença à regner en l'an mil trois cens cinquãte, & fiſt forger les premiers francs à pied & à cheual d'or fin, leſquels ne valoyent lors que vingt ſols tournois, & maintenant ſe mettent pour ſoixante ſols, qui eſt le triple. Si en ce temps-là le muy de vin moyennement bon valoit quatre liures, pour payer ces quatre liures falloit bailler quatre deſdicts francs d'or, ou monnoye d'argent à l'aduenant. Si maintenant nous acheptõs ledict muy de vin douze liures, qui eſt le pris que nous auons ſuppoſé pour vne annee commune: pour payer leſdictes douze liures, ne fault que pareil nombre de quatre francs d'or à ladicte raiſon

ſon de ſoixãte ſols tournois piece, ou monnoye d'argent à la valeur. Parquoy ne ſe peult dire, que puis ledict temps y ait ſur ledict vin aucun encheriſſement. Le ſemblable eſt des grains, & autres telles marchandiſes.

Nous auons compté par l'or: comptons maintenant par l'argent, & le prenons de plus loing, comme du tẽps du Roy ſainct Loys, qui commença à regner en l'an mil deux cens vingt ſept, & fiſt forger les premiers ſols, valans douze deniers tournois piece, pour lors appellez gros tournois, Ces gros tournois ou douzains eſtoyent tous d'argent fin, & n'y en auoit q̃ ſoixante quatre au marc.

Des douzains de maintenant, meſmemẽt des derniers forgez par le Roy Henry deuxieſme, d'aloy à trois deniers & demy fin, de quatre vingts treize pieces & demie au marc d'œuure, y en a en vn marc d'argẽt fin: trois cens vĩgt, qui eſt le quintuple de ce qu'il y en auoit du tẽps dudict ſainct Loys.

Partãt de l'vn deſdicts ſols lon en a faict cinq, & par conſequent les vingt ſols de maintenãt n'en valent que quatre de ce tẽps là; les vingt cinq liures, cinq liures: les cent,

vingt.

vingt. Et ainſi de plus grande ou plus petite ſomme.

Doncques ſi pour le iourd'huy nous acheptõs l'aulne de velours dix liures, qui ne ſe vẽdoit du temps dudict ſainct Loys que quarante ſols, nous n'en baillons point plus d'argent qu'il s'en bailloit alors.

L'aulne de drap, qui ſe vẽd maintenãt cẽt ſols, ne reuiẽt qu'à vingt ſols du tẽps paſsé.

Le muy de vin n'eſt point maintenãt plus cher à douze liures dix ſols, qu'il eſtoit lors à cinquante ſols.

Si le chappon couſte maintenãt dix ſols, ce ne ſont que deux ſols du temps paſsé.

La pinte de vin, qui couſte maintenant à la tauerne trois blancz, n'eſt point plus chere que quand elle eſtoit lors à vn liard.

La paire de ſouliers n'eſt point maintenãt plus chere à quĩze ſols, que lors à trois ſols.

Si la iournee d'vn homme & d'vn cheual couſte à l'hoſtellerie en annee cõmune vĩgt cinq ſols, ce n'eſt point plus cher que cinq ſols qu'elle pouuoit couſter alors.

La iournee d'vn maneuure ou gaigne denier, qui couſte maintenant cinq ſols, n'eſt point plus chere qu'elle eſtoit lors à douze deniers.

Le Gentilhomme qui a maintenant cinq cens liures de rente, n'eſt point plus riche que celuy qui lors n'en auoit que cent.

Vne terre ou maiſon qui ſe vend maintenant vingt cinq mil francs, n'eſt point plus chere qu'elle eſtoit lors à cinq mil liures.

Le tout pour la raiſon deſſuſdicte, qui eſt, que les vingt cinq mil liures de maintenant ne contiennent point plus grande quantité d'argēt fin, que les cinq mil liures du temps dudict ſainct Loys.

Et ainſi l'encheriſſement que lon cuide eſtre maintenant ſur toutes choſes, ce n'eſt qu'vne opinion vaine, ou image de compte ſans effect ny ſubſtance quelconque. Car touſiours fault reuenir à noſtre premier poinct, qui eſt, de ſçauoir & entendre pour vray, que nous ne baillons point maintenāt plus grande quantité d'or ou d'argent fin, qu'il s'en bailloit le tēps paſsé pour l'achapt de toutes choſes. Ce qui ſe voit & verifie tout de meſme, de temps en temps, & de regne en regne, depuis ledict ſainct Loys, iuſques à preſent.

Parquoy ne ſe peut dire ny ſouſtenir, qu'aucune choſe ſoit encherie puis ledict tēps.

PARA-

PARADOXE DEVXIESME.

Qu'il y a beaucoup à perdre sur vn escu, ou autre monnoye d'or & d'argent, encores qu'on la mette pour mesme pris qu'on la reçoit.

L'VNE des choses qui plus à trompé & rédu pauure le François & la France, & qui plus a faict cõtemner & enfreindre, depuis cent ans, les Ordonnances faictes par les Roys sur le cours & mise des monnoyes, les prenant & alouant à plus hault pris que le Prince ne les a aualuees. En quoy l'opinion du vulgaire a tousiours esté maistresse. Car quelque resistence que les Roys ayent sçeu faire, ils ont finablement esté vaincus & contraincts de suyure en cela la volonté desordonnee du peuple, & de haulser l'escu de iour en iour. Tellemét que de vingt sols qu'il valoit du temps dudict Roy Philippes de Valois, a monté de regne en regne, & de degré en degré, à xxv. xxx. xxxv. xl. xlv. & iusques à cinquante sols, ou il eſt maintenant par l'ordonnance. Ce qui a apporté vne perte ineſtimable & dommage irreparable, tant aux Roys qu'à leurs ſubiects. C'eſt vn erreur commun de long temps inueteré & enraciné aux cerueaux de la plus part des hommes, qui penſent n'eſtre poſsible qu'ils puiſſent riens perdre ſur vn eſcu ou autre monnoye, ſoit domeſtique ou eſtrangere, pourueu qu'ils la mettét pour le meſme pris qu'elle leur aura eſté baillee. Ces pauures gens ſont bië loing de leur compte, ainſi qu'il ſera clairement demõſtré par les meſmes termes du Paradoxe precedent.

Quand du temps dudict Philippes de Valoys les eſcuz, comme dict a eſté, ne valoyent que vingt ſols piece, qui maintenant ſe mettent à cinquante ſols pour le moins: le Gentilhomme qui auoit cinquante ſols de menuz cens ou rentes, pour ces cinquãte ſols receuoit deux eſcuz & demy, ou mõnoye d'argét à la valeur: pour leſquels deux eſcuz & demy il auoit demie aulne demy quart de velours, à raiſon de quatre liures l'aulne, qui eſt le pris qu'il valoit alors, reuenãt aux quatre eſcuz qu'il vault de preſent. Maintenant pour payement deſdicts cin-

quante

quante ſols de rente,ce gentilhomme ne reçoit qu'vn eſcu,ou monnoye d'argent à l'equipolent. Pour ceſt eſcu il n'aura auiourd'huy qu'vn quartier de velours, à raiſon de dix liures que vaut maintenant l'aulne: au lieu qu'il en auoit le temps paſsé,demie aulne demy quart. Il pert doncques vn quartier & demy de velours ſur ſon eſcu, cõbien qu'il l'ayt mis pour cinquante ſols, qui eſt le meſme pris qu'il l'a receu. Et s'il prend ou met l'eſcu pour cinquante vn,ou cinquante deux ſols, ſa perte ſera plus grande à l'equipolent.

L'officier qui auoit lors vingt liures de gages, pour payement de ſesdicts gages receuoit vingt eſcuz,ou monnoye d'argent à l'aduenant. Pour leſquels vingt eſcuz il pouuoit auoir cinq aulnes de velours, à ladicte raiſon de quatre liures l'aulne, qui eſtoyent les quatre eſcuz, qu'il vault de ceſte heure. Maintenant pour payement d'iceux vingt liures de gages, ceſt officier ne reçoit que huict eſcuz à cinquante ſols piece, ou monnoye d'argent à la valeur:pour leſquels huict eſcuz il n'aura que deux aulnes de velours, à ladicte raiſon de dix liures l'aulne qu'il vault maintenãt, au lieu qu'il auoit accoustumé d'en auoir cinq. Parquoy est manifeste qu'il pert sur ses huict escuz trois aulnes de velours, nonobstant qu'il ayt mis sesdicts escuz pour cinquãte sols piece, comme il les a receus.

Le bourgeois qui du tẽps du Roy Iehan auoit trente six liures de rente fonciere ou constituee, pour payement de sadicte rente, auoit trente six francs d'or à pied ou à cheual, à raison de vĩgt sols piece qu'ils valoyẽt lors, ou monnoye d'argent à l'equipolent. Pour lesquels trente six francs d'or, il pouuoit auoir neuf muys de vin, à raisõ de quatre liures dudict temps, qui estoyent quatre francs d'or valens douze liures de present, qui est le pris, ou pour vne annee commune nous auons apprecié ledict muy de vin. Si ce bourgeois est maintenant payé de sadicte rente de trente six liures en ladicte monnoye de francs d'or, il n'en receura que douze, valants, à raison de soixante sols piece, comme ils se mettent à present, ladicte somme de trente six liures : pour lesquels douze francs d'or, il n'aura pour le iourd'huy que trois muys de vin, à ladicte raison de douze liures qu'il vault à present, au lieu que lors il en auoit neuf muys. Il pert donques six

muys

muys de vin ſur ces douze francs d'or, encores qu'il les ayt mis pour meſme pris de ſoixante ſols qu'il les a receus.

Il y a pareille perte ſur toutes autres eſpeces d'or, & en achapt de toutes ſortes de viures & marchandiſes, dont i'obmettray le diſcours, pour obuier à prolixité.

Comptons maintenant par la monnoye d'argent.

Le gentilhomme, ou autre de quelque eſtat qu'il ſoit, qui du tẽps dudict ſaĩct Loys auoit ſeize liures de cens ou rente, pour luy payer ceſte rẽte, on luy bailloit cinq marcz d'argẽt fin, ou monnoye d'or à l'equipolẽt. Car cõme dict a eſté au premier Paradoxe, au marc d'argent fin n'y auoit lors que la quantité de ſoixante quatre pieces, appellees ſols ou gros tour. Maintenant pour luy payer ceſte rẽte, on ne luy baille qu'vn marc d'argent fin, par ce que les ſeize liures, qui ſont trois cens vingt pieces des nouueaux ſols ou douzains, ne contiennent au plus qu'vn marc dudict argent fin, qui n'eſt que la cinquieſme partie de l'argẽt contenu aux premiers ſeize liures. En ce tẽps-là, lõ auoit pour ſeize liures, ſeize aulnes de drap, à raiſon de vĩgt ſols l'aulne, auſsi bõ ou meilleur

que

que celuy qui à present couste cẽt sols tournois. Maintenant pour seize liures lon n'a que trois aulnes vn cinquiesme dudict drap à cent sols l'aulne, au lieu que lon en auoit seize le temps passé: qui est perte de douze aulnes quatre cinquiesmes de drap sur seize liures, combien que lon ayt mis chacune liure pour pareil pris de vingt sols qu'elle a esté receuë.

Si nous le prenons au solt ou douzain, nous trouuerõs le semblable. Car pour dix sols que le gentilhomme receuoit anciennement de ses rentes ou censiues, contenãt autant d'argent fin que les cinquante de maintenant, il pouuoit auoir cinq chappõs, à raison de deux sols piece. Maintenãt pour dix sols il n'a qu'vn chappon, qui est perte sur dix sols de quatre chappons, combien qu'il ayt mis lesdicts sols pour douze deniers chacun, qui est le mesme pris qu'il les a receus.

Si celuy qui tient l'opinion contraire à ce paradoxe, vouloit replicquer & dire qu'il ne se soucie point combien vault l'escu, la liure, ou le solt, & qu'ayant cẽt liures de rente ou de gages, ce luy est tout vn en quelles especes d'or ou d'argent on le paye, ne pour

quel

quel pris on les luy baille, pourueu qu'il ayt tousiours sa somme de cent liures, & qu'il mette lesdictes especes pour le mesme pris qu'il les reçoit: fauldroit par mesme moyen qu'il se vantast d'auoir pour le iourd'huy autant de marchandise pour deux sols ou douzains nouueaux, qui sont quasi tous de cuyure, que lon en auoit le tẽps passé pour deux desdicts viels sols ou gros tournois, qui estoyent tous d'argent fin: & autant à present pour vn escu, que lon en auoit lors pour deux & demy. En quoy faisant il introduiroit & mettroit en auant vn troisiesme Paradoxe, bien plus estrange & difficile à croire que le premier. Car ce seroit à dire, que toutes choses seroyent maintenant à meilleur marché qu'elles n'estoyent d'anciennété, d'autant que pour l'achapt d'icelles lon bailleroit maintenant moins d'or & d'argent que lon n'en bailloit alors. Ce qui ne se peult demonstrer, car il n'est pas vray: & nous suffira bien de croire le premier Paradoxe, qui monstre que rien n'est enchery, sans tant nous abuser, que de cuider les choses estre maintenant à meilleur marché, qu'elles n'estoyent le temps passé.

L'energie & intention de ces deux Paradoxes est, pour monstrer (par le premier) que le Roy & ses subiects acheptent maintenant toutes choses aussi cher que lon faisoit le temps passé, par ce qu'il fault bailler aussi grande quantité d'or & d'argent fin, que lon faisoit alors. Mais au moyẽ du surhaulsemẽt de pris des monnoyes d'or, dont prouient par necessité l'empirement & affoblissemẽt de celles d'argent, le Roy ne reçoit en payemẽt de ses droicts domaniaulx & autres, aussi grande quantité d'or & d'argent fin que ses predecesseurs. Pareillement les Seigneurs & autres subiects de sa Maiesté qui ont cens, rentes, gages, estats & appoinctemens, n'en reçoiuent aussi grande quantité d'or & d'argẽt fin qu'ils receuoyẽt le temps passé, mais sont (comme le Roy) payez en cuyure, au lieu d'or & d'argent. Pour lequel cuyure (suyuant le deuxiesme Paradoxe) lon ne peult recouurer autant de marchandise que lon feroit pour semblable quantité d'or & d'argent fin: ainsi la perte que lon cuide auoir par l'encherissemẽt de toutes choses, ne vient pas de plus bailler, mais de moins receuoir en quantité d'or & d'argent fin, que lon n'auoit accoustumé.

En quoy nous voyons clairement, que tãt plus

plus nous haulſons le pris des monnoyes, tant plus nous y perdons : car de la vient le grand encheriſſement, qui eſt maintenant de toutes choſes, qui ameine vne pauureté generale à tout ce Royaume.

Les mouuemẽs, occaſions, & proges de ce mal, ſeront cy apres amplemẽt deduicts & demonſtrez, auec le moyen certain & infalible pour y remedier, au grand bien & honneur de ſa Maieſté, ſoulagemẽt & commodité de tous ſes ſubiects.

FIN.

LA RESPONSE DE MAISTRE IEAN BODIN ADVOCAT EN LA COVR

au paradoxe de monsieur de Malestroit, touchant l'encherissement de toutes choses, & le moyen d'y remedier.

A monsieur Preuost, Seigneur de Morsan, President pour le Roy en sa cour de parlement.

A PARIS,
Chez Martin le Ieune, rue S. Iean de Latran à l'enseigne du Serpent.
1568.

A MONSIEVR PREVOST SEIGNEVR DE MORSAN PRESIDENT POVR LE ROY EN SA COVR DE PARLEMENT.

VOVS ſçauez, Monſieur, les plaintes ordinaires qu'on faict de l'encheriſſement de toutes choſes : les aſſemblees qu'on a faictes par tous les quartiers de ceſte ville pour y donner ordre : la peine qu'on a priſe à ſçauoir d'ou procedoit telle charté : à laquelle meſsieurs du Menil & du Faur aduocats du Roy, que nature ſemble auoir conſacrez au bien public, ſe ſont efforcez de remedier. En fin mõſieur de Maleſtroit, homme qui meritoit bien que vn plus grãd que moy luy fiſt reſponſe, employé en ceſt affaire par commandement du Roy, a publié vn petit liuret de paradoxes, ou il ſouſtient contre l'opinion de tout le monde, que rien n'eſt encheri depuis trois cens ans. ce qu'il a faict croyre à pluſieurs, et par ce moyen appaiſé les plaintes de beaucoup d'hommes. Mais ces iours paſſez ayant leu ſon diſcours, ie me ſuis aduiſé de luy reſpondre vn mot pour eclarcir & faire entendre ce point qui eſt de grande conſequence à tous en general, & à vn chacun en particulier: à la charge, s'il vous plaiſt, que vous ſerez arbitre d'honneur, m'aſſeurant que monſieur de Maleſtroit en ſera d'acord. Car pour bien iuger vn paradoxe, ou bien vne opinion contraire à la commune, il fault vn iuge tel que vous, à qui nature a donné l'eſprit ſi clair & le iugement ſi entier, qu'il eſt mal aiſé entre cēt mil d'en trouuer vn pareil. Ce que ie ne mets point entre voz louanges pour eſtre vn don de nature, mais biē d'eſtre acompli d'vn ſçauoir gentil & liberal: d'auoir vne ſi grande experience des afaires d'eſtat, qui vous ſont en telle recommendation, que vn chacun ſçait que vous auez long-tēps à oublié les voſtres: combien que c'eſt mal parlé à moy: car celuy ne peut oublier le particulier qui gouuerne ſi ſagement le public, comme vous auez monſtré aux plus grandes charges de la Republique, et ſus tout au gouuernement de Prouence, qui rend vn perpetuel teſmoignage, que la prudence & dexterité incroyable d'ont vous auez vsé pour manïer ce peuple farouche, en vn temps ſi perilleux auec vne ſeuerité entremeſlee de douceur, merite de gouuerner non pas vne prouince, mais vn royaume: ce qui m'aſſeure au cas qui s'offre, non ſeulement que vous don-

nerez certain iugement de ceste questiõ, ains aussi que vous sçaurez bien trouuer les moyens de remedier à la charté, que nous voyons en ce qu'il sera possible à l'esprit humain de pouuoir prudemment aduiser, meurement entreprendre, & heureusement executer.

LA RESPONSE DE MAISTRE IEAN BODIN ADVOCAT EN LA COVR, AV PARADOXE DE MONSIEVR de Maleſtroit, touchant l'encheriſſement de toutes choſes, & le moyen d'y remedier.

DEVANT que paſſer outre, ie mettray brieuement les raiſons de monſieur de Maleſtroit. On ne peult, dit il, ſe plaindre, que vne choſe ſoit maintenāt plus chere qu'elle n'eſtoit il y a trois cens ans : ſinon que pour l'achepter il faille maintenāt bailler plus d'or ou d'argēt que lon ne bailloit lors. Or eſt il que pour l'achapt de toutes choſes lō ne baille point maintenāt plus d'or ny d'argent qu'ō en bailloit alors. Donques puis ledit temps rien n'eſt encheri en France. Voyla ſa concluſion, qui eſt neceſſaire, ſi on luy donne la mineure, & pour la preuue d'icelle, l'aulne de velours, dit il, au temps du Roy Philippe de Valois ne couſtoit que quatre eſcuz auſsi bōs, voire meil-

leurs

leurs en poix & en valeur que noz escuz soleil, & chacũ escu ne valoit que vĩt souz mõnoye d'argent: maintenant que l'escu vaut cinquãte souz, il faut dix liures pour aulne, qui ne valent non plus que les quatre escuz. Dõques ladicte aulne de velours n'est point maintenant plus chere qu'elle estoit alors. Il passe plus outre à toutes marchandises Latines, voire iusques à noz vĩs & bleds, mais toutesfois il n'a point de guarend. Ie luy accorde l'exẽple du velours: mais ce n'est pas la raison de tirer en consequence de toutes choses le pris du velours, qui estoit lors la plus chere marchandise de Leuãt, veu qu'il n'y auoit presque autres villes que Damasque en Surie, & Bourse en Natolie, que les anciens appelloyent Prusia, ou lon fist les velours & damas. Peu à peu la Grece & l'Italie en ont eu l'vsage: & n'y a pas cẽt ans que les moulins à soye, que nous auõs prins des Geneuois, estoyẽt incognuz en Frãce. Maintenãt que Tours, Lion, Auignon, Toulouze & autres villes de ce Royaume sont pleines de telles marchandises, iaçoit que tout le monde en porte, ce qu'on ne faisoit lors, toutesfois en si grande quantité, l'aulne du meilleur velours ne deuroit pas couster

plus

plus d'vn escu à la raison qu'il faisoit lors, comme ie monstreray tantost. Mais il suffit pour ceste heure auoir monstré qu'il ne faut pas mettre le velours pour l'exemple des autres marchãdises Latines, & beaucoup mois de toutes choses. Quand aux vins & bleds, il est tout certain, qu'ils coustent plus cher au triple qu'il ne faisoyent il y a cent ans. ce que ie puis dire auoir veu au Cadastres de Toulouze, ou le sestier de bled, qui fait à peu pres la moitié du nostre, ne valoit que cinq souz, maintenant il couste soixante souz au pris le plus cõmun: qui est quatre fois plus cher qu'il ne faisoit lors. Et sans cercher plus loing qu'en ceste ville, nous trouuõs aux registres du chastelet, que le muy du meilleur blé de rẽte mesure de Paris, ne coustoit que six vintz liures l'an cinq cẽs vint & quatre, iaçoit que deux ans au parauant les bleds auoyẽt gelé: sus laquelle estimation estoyẽt fondez les iugemens du chastelet. l'an cinq cens trente le pris haussa iusques à cent quarãte & quatre liures: & par arrest de la cour donné l'an cinq cẽs trente & vn, certain cõtract fut casse fait à moindre pris. Maintenãt que le pris ordinaire est haussé plus d'vn tiers, les cõtracts faits au pris des arrests de

l'an

l'an cinq cens trente & vn, seroyēt declarez vsuraires, si le debteur n'auoit le chois de payer argent pour grain au pris du denier douze. Ie ne parle point de l'an cinq cens soixante & cinq, que le muy de blé cōmun coustoit au mois de May deux cens soixante liures en pur achapt: mais ie parle des annees communes depuis quarante ans seulement, nous voyons que le blé de rente qui coustoit cinquāte escuz soleil, afin que nous ne parlions point de liures, maintenant couste deux fois plus. tellemēt que le meilleur blé en pur achapt couste de pris ordinaire six vintz liures, qui est autant qu'il coustoit de rente il y a quarante ans. Par ainsi monsieur de Malestroit ne debuoit pas tirer en exemple les fruitz. Mais pour mieux verifier ce que ie di, laissons les fruitz, & venons au pris de terres qui ne peuuent croistre ny diminuer, ny estre alterees de leur bonté naturelle, pourueu qu'on ne les moque point, cōme lon dit, mais qu'on les cultiue comme on a fait depuis que Ceres dame de Sicile en mōstra l'vsage. Car il n'est pas vraysemblable que la terre pour viellir perde sa vigueur, comme plusieurs pēsent. Et qu'ainsi soit, depuis que Dieu posa la France entre

b l'Espal'Espagne, l'Italie, l'Angleterre, & l'Almagne, il pourueut aussi qu'elle fust la mere nourice portant au sein le cornet d'abondãce, qui ne fut oncques & ne sera iamais vuide. ce q̃ les peuples d'Asie & d'Afrique ont bien cognu & cõfessé, comme on peut voir par touts leurs escrits, & mesmement en la harangue du roy Agrippa, voulant renger les Iuifs rebelles & mutins soubs l'obeissance des Romains, Voyez, dit il, la Gaule, qui a trois cens quinze peuples enuironnez des Alpes, du Rhin, de l'Oceã, & des Pyrenees, qui arrouse presque toute la terre de sourses inepuisables de tous biẽs : neantmoins ces peuples belliqueux ont plié soubs la puissãce de cest Empire, apres auoir vaillamment combatu quatre vint ans, plus estonnez de l'heur & grãdeur des Romains, qu'affoibliz de langueur, veu qu'ils n'ont que douze cẽs soldats pour toute garnison, qui n'est pas à peu pres tant d'hommes que de bonnes villes. Par la nous voyons que la Frãce n'estoit pas lors plus sterile qu'elle est maintenant. mõstrõs aussi qu'elle n'est pas auiourd'huy moins fertile. Ciceron parlant de la fertilité de Sicile, que les Romains appelloyent leur grenier, dit que la meilleure terre n'aportoit

que

q̃ douze pour vn, encore, dit il, qu'elle fust fauorisee des dieux. Nous auons auiourd'huy en nostre valee de Loire, en Brie, en Xaintonge, en l'Alimagne d'Auuergne, en Languedoc, & mesmes en l'isle de Frãce de meilleures terres au iugemẽt de tous les paysans. Et neantmoins nous voyons q̃ depuis cinquante ans, le pris de la terre a creu, non pas au double, ains au triple: tellement que l'arpent de la meilleure terre labourable au plat pays, qui ne coustoit anciẽnement que dix ou douze escuz, la vigne trente, auiourd'huy se vẽd le double, voire le triple d'escus pesans vn diziesme moins qu'ils pesoyent il y a trois cens ans. ce que monsieur de Malestroit m'accordera s'il veut prendre la peine de fueilletter tant soit peu noz registres. Et sans recercher les cõtratz particuliers, qu'õ peut voir par tout, ie vous apelle à tesmoĩg, Monsieur, qui auez souuent manié tous les aueuz de la chambre, & tous les contratz du tresor de France, si les Baronnies, Cõtez, Duchez qui ont esté alienees ou reunies à la couronne, ne valent pas autãt de reuenu qu'elles ont esté pour vne fois vẽdues. Chacun sçait que le conté d'Auignon vaut deux fois autant de reuenu qu'il a esté engagé. I'ay ap-

 prins

prins de monſieur Fauchet conſeiller, que ie tiens pour vn fidele regiſtre de belles antiquitez, que Herpin vendit le duché de Berri au roy Philippe premier l'an mil cẽt pour accompagner Godfroy de Bouillon, & ce pour la ſomme de cent mil ſouz d'or. il y a ainſi en noz annales, comme il faut entẽdre aux loix des Lombars, Saxons, Francons, Ripuaires, ou lon voit toutes les amendes taxees par ſouz, comme quand il eſt dit, qui aura tué vn hõme libre payra cens ſouz: qui l'aura lié payra dix ſouz. ce que ie di en paſſant, par ce que i'ay veu vn proces des anciẽs ſtatuts de la ville d'Amiens, ſus ce que les parties ſans propos prennoyent les ſouz pour noz douzains. Auſsi eſt il certain que les premiers ſouz d'argent ne furent forgez que deux cens ans apres par ſainct Louys. Prenons le cas que tels ſouz d'or fuſſent du poix & valeur des ſouz d'or de Iuſtiniã, car les loix de tous ſes peuples furẽt faites quaſi en meſme tẽps: ce ne ſeroyent au plus fort que cent mil angelotz, ou cent reales d'or, cõme ie diray tantoſt. car le ſol meſmes d'argent ne peſoit pas tant de beaucoup. & eſt vrayſemblable que le ſol d'or fut forgé de meſme pois: toutesfois ie veux biẽ qu'il peſe

ſe

ſe le ſol de Iuſtinian. Ie trouue auſsi aux antiquitez d'Italie, que l'Empereur Henry de Lutzẽburg, vendit Luque aux habitãs douze mil eſcuz, & Florẽce ſix mil. auiourdhuy il y a cẽt maiſons en Florẽce qui valent trois fois autant que la ville fut vẽdue. Et ſi monſieur de Maleſtroit ne ſe contente de telles antiquitez, prẽnons les anciens aueux de la chambre: prenons les couſtumes de France, & meſmes celles de mon pays d'Aniou: nous trouuerons l'article cccc xcix. qui porte ces mots: Charge de meſtail xxv. ſ. tourn. charge de ſeigle xxii. ſ. ſix den. charge d'orge xv. ſ. le cheuereau trois ſ. & quatre den. chapon xii. den. poulle viii. den. moutõ gras ſept ſ. ſix den. coruees de bœufs à iournee d'yuer dix den. L'an mil cinq cẽs huict la couſtume fuſt arreſtee & homologuee. Ie trouue q̃ celle d'Auuergne en fait meilleur conte, car le mouton gras auec la laine n'eſt prisé q̃ cinq ſ. le cheuereau xviii. den. la poulle ſix den. le conin dix den. l'oyſon ſix den. le veau v. ſ. le cochon dix den. le pan deux ſ. le faiſan xx. den. le pigeon vn d. la charettee de foin à cĩq quintaux xv. ſouz. maneuure de bras en eſté ſix den. en hyuer quatre d. charroy à bœufs en hyuer xii. den.

en Bourbōnois, la charrettee de foin à dou-
ze quintaux n'eſt priſee par la couſtume q̃ dix ſouz en l'article ccccc lv. & en pré cīq ſ. aux couſtumes de la marche accordees l'ā mil cinq cens vingt & vn, la chair du mouton entier ſans laine n'eſt priſee que deux ſ. ſix d. la chartee de foin peſant quinze quintaux douze ſ. la charettee de bois douze d. le veau xviii. den. l'oye douze den. Par la couſtume de Troye en Chāpaigne le ſeſtier du meilleur froment meſure de Troye n'eſt eſtimé que xx.ſ. tourn. le ſeigle dix ſ. l'orge ſept ſ. l'auoine cinq ſ. la iournee d'vn hōme douze den. d'vne femme ſix den. Icy monſieur de Maleſtroit ne peut dire que depuis ſoixante ans tout n'aye encheri dix fois autant pour le moins, ie di en quelq̃ monnoye qu'il prenne, comme ie monſtreray tantoſt. car ſi vne terre ne peult eſtre vendue que au denier vingt & cinq ou trente pour le plus en ſeigneurie & iuſtice, par conſequent le pris des terres eſt dix fois plus haut qu'il n'eſtoit il y a ſoixante ans. qui recerchera plus haut les aueux & regiſtres, il trouuera q̃ c'eſtoit biē cher eu egard au pris ancien. Ie laiſſe vne infinité de pareils exēples, ſans toucher au doigt ce que vn chacun voit à l'oeil,

&

& me ſufiſt pour ceſte heure d'auoir mõſtré la charté aux duchez, villes & cõtez, & aux terres qui ne peuuent empirer par veilleſſe. Ce qu'on entendra beaucoup plus aiſemẽt, ſi on ſçait l'origine & cauſe de la charté.

Ie trouue que la charté que nous voyons viẽt pour trois cauſes. La principale & preſque ſeule (que perſonne iuſques icy n'a touchee) eſt l'abondance d'or & d'argẽt, qui eſt auiourd'huy en ce royaume plus grãde que elle n'a eſté il y a quatre cens ans. ie ne paſſe poĩt plus oultre, auſsi l'extraict des regiſtres de la cour & de la chambre que i'ay, ne paſſe point quatre cens ans. le ſurplus il le faut cueillir de vielles hiſtoires auec peu d'aſſeurãce. La ſeconde occaſion de charté vient en partie des monopoles. La troiſieſme eſt la diſette, qui eſt cauſee tant par la traitte que par le degaſt. La derniere eſt le plaiſir des roys & grãs ſeigneurs, qui hauſſe le pris des choſes qu'ils aimẽt. Ie toucheray brieuemẽt tous ces poincts. La principale cauſe qui encheriſt toutes choſes en quelque lieu que ce ſoit, eſt l'abondance de ce qui donne eſtimation & pris au choſes. Plutarque & Pline teſmoignent, qu'apres la conqueſte du royaume de Macedoine ſus le roy Perſes, le

capi-

capitaine Paul Aemyl aporta tant d'or & d'argent en Romme, que le peuple fut afrãchi de payer tailles, & le pris des terres en la Romaigne haussa des deux tiers en vn moment. Ce n'estoit donc pas la disette des terres, qui ne peuuent croistre ny diminuer, ny le monopole, qui ne peut auoir lieu en tel cas: mais c'estoit l'abondance d'or & d'argẽt qui cause le mespris d'iceluy, & la charté des choses prisees. cõme il aduint à la venue de la royne de Candace, que l'escripture sainte appelle royne de Saba, en la ville de Ierusalem, ou elle aporta tant de pierres precieuses qu'õ les fouloit aux pieds. Et quand l'Espagnol se fist seigneur des terres neufues, les coignees & cousteaux estoyent plus cher venduz que les perles & pierres precieuses, car il n'y auoit cousteaux que de bois & de pierre, & force perles. C'est donc l'abondãce qui cause le mespris. En quoy l'Empereur Tibere s'abusoit bien fort, faisant trencher la teste à celuy qui auoit rendu le verre mol & maleable, de peur, comme dit Pline, que si la chose estoit euantee, l'or ne perdit son credit. car l'abondance de verre, qui se fait quasi de toutes pierres, & de plusieurs herbes, eust tousiours causé le mespris. Ainsi

aduient

aduient il de toutes choſes.

Il faut donc monſtrer qu'il n'y auoit pas tant d'or & d'argent en ce royaume il y a trois cens ans qu'il y a maintenãt. ce que lon cognoiſt à veüe d'oeil. Car s'il y a de l'argent par pays, il ne peut eſtre ſi bien caché, q̃ les princes ne le trouuent en leur neceſsité. Or eſt il que le roy Iean ne peut onques trouuer ſoixante mil francz à credit (prenons que ſoyent eſcuz) en ſon extreme neceſsité, & depuis la iournee de Poictiers qu'il fut priſonnier huit ans des Anglois, ny ſes enfans, ny ſes amys, ny ſon peuple, ny luy meſmes qui vint en perſonne, ne peut trouuer ſa rançon, & fut contraint s'en retourner en Angleterre attendant qu'on luy feroit argent. Sainct Louys fut en meſme peine eſtant priſonnier en Aegypte. Il n'eſt pas vrayſemblable que le peuple François, lequel naturellement ayme ſon roy, & lors plus que iamais, & meſmes vn tel roy, qui n'euſt onques, & peut eſtre encores moins aura cy apres ſon pareil, euſt voulu ſoufrir de le voir eſclaue des Mahometiſtes, qu'ils auoyẽt lors en extreme horreur. toutesfois Saladin fut contraint pour en tirer quelque choſe, laiſſer le roy pour faire ſa rançon, prenant pour gage

 l'hoſtie

l'hoſtie qu'il portoit auec luy, & ſans la deuotion qu'auoit le bon roy,elle fut demouree pour les gages. Auſsi liſons nous en noz vielles hiſtoires, qu'à faute d'argent on fiſt monnoye de cuyr auec vn clou d'argent. Ie m'en raporte à ce qui en eſt. Or ſi nous venons à noſtre aage, nous trouuerõs qu'ẽ ſix mois le roy a trouué en Paris,ſans aller plus loing,plus de trois millions quatre cens mil liures hors les deniers des offices, qui furẽt auſsi trouuez en Paris, & les deniers des aydes & du dommaine qui montẽt beaucoup plus. Vray eſt que la neceſsité forçoit noſtre Prince pour nous rendre la lumiere de la paix. Prenõs l'age de Charle ſeptieſme, qui miſt le premier la ſolde ſus le peuple, & ſoufrit beaucoup de mutineries de ſes ſubiects, combien qu'il euſt donné la chaſſe aux Anglois, & acquis autant en dix ans que ſes peres auoyent perdu en deux cens: neãtmoins il ne peut trouuer qu'vn million & ſept cẽs mil francz pour toutes charges, comme eſcript Philippe de Cõmines. Son fils Louys vnzieſme ayãt reuni les duchez de Bourgogne, d'Aniou, & le conté de Prouence à la couronne, print trois milions plus que ſon pere,de quoy le peuple ſe ſẽtoit ſi foulé, que

à la

à la venue de Charles huictiesme son fils, il fut ordonné à la requeste & instance des estatz, que la moitié des charges seroyent retrenchees. Que mõsieur de Malestroit fueillte les registres de la chambre, il sera d'acord auec moy, qu'on a trouué plus d'or & d'argent en France pour la necessité du roy & de la repub. depuis l'an cinq cẽs quinze iusques à l'an soixante huit, qu'on n'auoit peu trouuer au parauant en deux cens ans. Et si on veut dire qu'il n'y a pas plus d'or & d'argent qu'il y auoit, mais que depuis peu de temps les Italiens nous ont presté ceste charité, on peut iuger le contraire: car il est certain que de tout temps il y a eu des bãnis de ce pays la, qui outre les ordures qu'ils ont aporté en ce royaume, ont tousiours fait la guerre à Dieu & au pouure peuple, s'efforceant par tous moyens d'arracher la bonté naturelle du cueur de noz rois, en haine de quoy ils furẽt chassez de France, & leur biẽ confisqué du temps de Philippe le Long, & depuis ce temps-là, tousiours noz peres ont taxe au double les lettres qu'on appelle Lõbardes à la chãcellerie. Aussi trouuõs nous que Philippe le Bel imposa le premier la gabelle sus le sel, qui a haussé de quatre deniers pour liure à quarante cinq liures ſus muy ou enuiron: & cela fut fait à la ſuaſion d'vn meſſerre Mincion. Ils euſſent donc biẽ trouué l'argent s'il y en euſt eu autant qu'à present. car Philippe le Lõg ne fiſt point de conſcience de demander au peuple la cinquieſme partie des biens d'vn chacun.

Mais, dira quelqu'vn, d'ou eſt venu tant d'or & d'argent depuis ce temps-là? Ie troue que le marchant & l'artiſan, qui font venir l'or & l'argent, ceſſoyent alors. car le Frãçois ayãt vn pays des plus fertiles du monde, s'adonnoit à labourer la terre & nourir le beſtail, qui eſt la plus grande meſnagerie de France, tellement que la trafique du leuant n'auoit point de cours, pour la crainte des Barbares qui tienent la coſté d'Afrique, & des Alarbes, que noz peres appelloyent Saraſins, qui cõmandoyent en toute la mer Mediterranee, traitant les Chreſtiens qu'ils prenoyent, comme eſclaues à la cadene. Et quand à la trafique du Ponãt, elle eſtoit du tout incognue deuant que l'Eſpaignol euſt fait voile en la mer des Indes. Ioint auſsi q̃ l'Anglois, qui tenoit les pors de Guyẽne & de Normandie, nous auoit clos les auenues d'Eſpaigne & des iſles. D'autre part les que-

relles

relles de la maison d'Aniou & d'Aragon, nous coupoyent les pors d'Italie. Mais depuis six vins ans, nous auons donné la chasse aux Anglois. & le Portugalois cinglant en haute mer auec la boussole, c'est fait maistre du Golfe de Perse, & en partie de la mer rouge, & par ce moyé a rempli ses vaisseaux de la richesse des Indes & de l'Arabie planturuse, frustrant les Venetiens & Geneuois qui prenoyent la marchandise de l'Egypte & de la Surie, ou elle estoit aportee par la carauãne des Alarbes & Persans, pour nous la vendre en detail & aux pois de l'or. En ce mesme temps le Castilian ayant mis soubs sa puissance les terres nefues pleines d'or & d'argent en a rempli l'Espaigne, & a mõstré la route à noz Pilotes, pour faire le tour de Afrique auec vn merueilleux profit. Or est il que l'Espaignol, qui ne tient vie que de France, estant contraint par force ineuitable de prendre icy les bleds, les toiles, les draps, le pastel, le rodon, le papier, les liures, voire la menuiserie & tous ouurages de main, nous va cercher au bout du monde l'or & l'argent & les epiceries. D'autre costé l'Anglois, l'Ecossois, & tout le peuple de Noruege, Suede, Danemarch, & de la coste Baltiq, qui ont vne infinité de minieres, vont fouyr les metaux au centre de la terre, pour achepter noz vins, noz safrãs, noz pruneaux, nostre pastel, & sur tout nostre sel, qui est vne manne que Dieu nous donne d'vne grace speciale auec peu de labeur. car la chaleur defaillant au peuple de Septẽtrion outre le quarante septiesme degré, le sel ne s'y peut faire, & au desoubs du quarante & deuxiesme, la chaleur trop ardente rend le sel corrosif, qui gaste les personnes & les saleures. tellement que les salines de la Franche conté, & la pierre de sel en Espagne & en Hongrie, n'aproche en rien qui soit de la bonté du nostre. Cela fait q̃ l'Anglois, le Flameng, & l'Ecossois, qui font grande trafiq̃ de poissons salez, chargent bien souuent de sable leurs vaisseaux à faute de marchãdise, pour venir acheter nostre sel à beaux deniers contans. L'autre occasion de tant de biens qui nous sont venuz depuis six ou sept vint ans, c'est le peuple infini qui est multiplié en ce royaume, depuis que les guerres ciuiles de la maison d'Orleãs & de Bourgogne furẽt assopies: ce qui nous a fait sentir la douceur de la paix, & iouir du fruit d'icelle vn long temps, & iusques aux troubles de la religion

religion. car la guerre de l'estranger q̃ nous auons eu depuis ce temps-là, n'estoit qu'vne purgation de mauuaises humeurs necessaire à tout le corps de la repub. Au parauant le plat pays & presque les villes estoyẽt desertes pour les rauages des guerres ciuiles, pendant lesquelles les Anglois auoyent sacagé les villes, brussé les villages, meurtri, pillé, tué vne bõne partie du peuple Frãçois, & rõgé le surplus iusques aux os: qui estoit cause de faire cesser l'agriculture, la trafique, & tous ars mecaniques. Mais depuis cẽt ans on a defriché vn pays infini de forests & de landes, basti plusieurs villages, peuplé les villes. tellement que le plus grand bien d'Espagne, qui d'ailleurs est deserte, vient des colonies Frãçoises, qui võt à la file en Espagne, & principalement d'Auuergne & du Limousin: si biẽ qu'en Nauarre & Aragon presque tous les vignerõs, laboureurs, charpẽtiers, maçons, menuisiers, tailleurs de pierres, tourneurs, charons, voituriers, chartiers, cordiers, carriers, selliers, boureliers, sont Frãçois. car l'Espagnol est paresseux à merueilles, hors le fait des armes & de la trafiq̃. & pour ceste cause il aime le François actif & seruiable, comme il fist cognoistre à l'en-

treprinse

treprinſe du prieur de Capnoe à Valéce, ou il ſe trouua dix mil François, ſeruiteurs & artiſans, qu'on vouloit moleſter cõme ayãt eu part à la coniuration cõtre Maximilian, qui lors eſtoit lieutenant general en Eſpaigne: mais il aduint que les maiſtres & habitans de Valence les cautionerent tous. Il y en a auſsi grand nombre en Italie.

Encores y a il vne autre occaſion des richeſſes de France, c'eſt la trafique du Leuãt, qui nous a eſté ouuerte par l'amitié de la maiſon de Frãce auec la maiſon des Othomans du temps du roy Frãçois premier. tellement que les marchãs François depuis ce temps-là ont tenu boutique en Alexandrie, au Cayre, à Barut, à Tripoli, auſsi bien q̃ les Venetiẽs & Geneuois, & n'auõs pas moins de credit à Faix & à Maroch, q̃ l'Eſpaignol. ce qui nous a eſté decouuert depuis que les Iuifs chaſſez d'Eſpaigne par Ferdinãd, ſe retirerent au bas pays de Languedoc, & nous acouſtumerent à trafiquer en Barbarie.

La derniere cauſe de l'abondance d'or & d'argent a eſté la banque de Lyon, qui fut ouuerte, à dire la verité, par le roy Hẽry des lors qu'il n'eſtoit q̃ dauphin, prenant à dix, puis à ſeize, & iuſques à vint pour cent en ſa

neceſ-

neceſsité. Soudain les Florentins, Luquois, Geneuois, Suiſſes, Alemans afriandez de la grandeur du profit aporterent vne infinité d'or & d'argent en France, & pluſieurs s'y habituerent, tant pour la douceur de l'air, q̃ pour la bonté naturelle du peuple, & la fertilité du pays. Par meſme moyen les rentes conſtituees ſus la ville de Paris, qui montẽt de quatorze à quinze cẽt mil liures tous les ans, ont aleché l'eſtranger qui aporte icy ſes deniers pour y faire profit, & en fin s'y habitue: ce qui a fort enrichi ceſte ville. Vray eſt que les ars mecaniques & la marchandiſe auroit bien plus grand cours à mon aduis, ſans eſtre diminuee par la trafique d'argent qu'on fait : & la ville ſeroit beaucoup plus riche, ſi on faiſoit cõme à Genes, ou la maiſon ſaint George prend l'argẽt de tous ceux qui en veulent aporter au denier cinq, & le baille aux marchans pour trafiquer au denier douze ou quinze. qui eſt vn moyẽ qui a causé la grandeur & richeſſe de ceſte ville là, & qui me ſemble fort expedient pour le public & pour le particulier. Combien que i'eſtime encore plus la prudence & bonté de deux grands Empereurs, Antonin le Piteux & Alexandre Seuere, qui bailloyent

d l'argent

l'argẽt de l'eſpargne aux particuliers à quatre pour cent, qui n'eſt qu'au denier vint & cinq: & par ce moyen oſtans l'occaſion aux financiers de piller le public, les pauures ſubiects trafiquoyent & gaignoyent beaucoup, & le prince n'eſtoit point cõtraint de emprunter, ny vẽdre ſon domaine, ny eſcorcher ſon peuple, ains au cõtraire le bon Alexandre ménageant de ceſte ſorte, rauallа les daces & impoſts de trẽte pars : tellemẽt que celuy qui payoit trente & vn eſcu de taille & ſubſide ſoubs Heliogabale (monſtre de nature) n'en paya qu'vn ſoubs Alexandre.

Voila, Monſieur, les moyens qui nous ont aporté l'or & l'argent en abondãce depuis deux cens ans. Il y en a beaucoup plus en Eſpagne & en Italie qu'en France, par ce que la nobleſſe meſmes en Italie trafique, & le peuple d'Eſpagne n'a autre occupation. auſsi tout eſt plus cher en Eſpagne & en Italie qu'en France, & plus en Eſpagne qu'en Italie, & meſmes le ſeruice & les oeuures de main, ce qui attire noz Auuergnaz & Limouſins en Eſpagne, cõme i'ay ſçeu d'eux meſmes, parce qu'ils gaignent au triple de ce qu'ils font en Frãce: car l'Eſpagnol riche, hautain, & pareſſeux, vend ſa peine biẽ cher,

teſmoing

tesmoing Clenard, qui met en ses epistres au chapitre de despence, en vn seul article, pour faire sa barbe en Portugal quinze ducatz pour an. C'est dõques l'abondãce d'or & d'argent qui cause en partie la charté des choses.

Ie passeray l'autre occasion de charté par ce qu'elle n'est pas si considerable au cas qui s'offre, c'est à sçauoir les monopoles des marchans, artisans, & gaignedeniers: lors qu'ils s'assemblent pour assoir le pris des marchãdises ou pour encherir leurs iournees & ouurages. & par ce q̃ telles assemblees se couurent ordinairement du voile de religion, le Chancelier Poyet auoit sagement aduisé qu'on debuoit oster & retrẽcher les confrairies, ce qui a esté depuis cõfirmé à la requeste des estatz à Orleans. tellement qu'il n'y a point de faute de bonnes loix.

La troisiesme cause de l'encherissement est la disette, qui aduient par deux moyens. L'vn est pour la traitte trop grande qui se fait hors le royaume, ou pour l'empeschement d'y aporter les choses necessaires: l'autre pour le degast qu'on en fait. Quand à la traitte, il est certain que nous auons les vins & bleds à meilleur conte pendant la guerre auec l'Eſpagnol & le Flameng, qu'apres la guerre, lors que la traitte eſt permiſe. car les fermiers en partie ſont contraints de faire argent: le marchant n'oſe charger ſes vaiſſeaux: les ſeigneurs ne peuuent longuement garder ce qui eſt periſſable. & par conſequẽt il faut que le peuple viue à bon marché: car noz peres nous ont aprins vn anciẽ prouerbe, que la France ne fut iamais afamée, c'eſt à dire qu'elle a richemẽt de quoy nourir ſon peuple quelque mauuaiſe annee qui ſuruiẽne, pourueu q̃ l'eſtranger ne vuide noz granges. Or eſt il certain q̃ le blé n'eſt pas ſi toſt en grain, que l'Eſpagnol ne l'emporte, d'autant que l'Eſpagne, hors mis l'Arragon & la Grenade, eſt fort ſterile, ioint la pareſſe qui eſt naturelle au peuple, comme i'ay dit: tellement qu'en Portugal les marchans blatiers ont tous les priuileges qu'il eſt poſsible, & entre autres il eſt defendu de prendre priſonnier quiconques porte du blé à vendre, autremẽt le peuple acableroit le ſergeãt, pourueu que celuy qui porte le blé diſe tout haut, *Trabo dridigo,* ceſt à dire, ie porte du blé. Cela fait que l'Eſpagnol emporte grande quantité de blé. D'autre part, le pays de Languedoc & de Prouẽce en fourniſt preſ-

que

que la Toſcane & la Barbarie. cela cauſe l'abondance d'argent & la charté de blé : car nous ne tirons quaſi autres marchãdiſes de l'Eſpagne que les huiles & les epiceries. encores les meilleures drogues nous viennent de Barbarie & du Leuant. De l'Italie nous auons tous les aluns, & quelques ſarges & ſoyes : combien que le bas pays de Languedoc & la Prouence a plus d'huiles qu'il n'en faut pour noz prouiſions. Et quand aux ſarges & ſoyes, il s'en fait bien d'auſsi bonnes en ce royaume qu'en Florẽce & à Genes, au iugement des maiſtres, & les marchans en ſçauent bien faire leur profit, les batizant à leur plaiſir. Quand aux aluns, ſi nous voulions couper les veines du mont Pyrenee, il eſt certain que nous y trouuerions des ſources non ſeulement d'alun, ains auſsi d'or & d'argent, veu que pluſieurs Alemans en ont fait bon raport, & maiſtre Dominique Bertin m'a monſtré ſus les lieux, & en a fait la preuue au roy Henry de tous metaux auec vne infinité de coupe roſe, d'alũs, & de marcaſite. Entre autres choſes il c'eſt trouué, que il y a plus d'alun qu'il n'en faut pour toute la France, iaçoit qu'il en vient d'Italie pour plus d'vn million tous les ans, comme il a

 veri-

verifié. C'est à luy à qui nous debuons les beaux marbres noirs, blãcs, madrez, iaspes, serpentines, qu'il nous enuoye des monts Pyrenees iusques à Paris : & m'asseure que s'il auoit le credit, nous n'aurions plus que faire des aluns d'Italie. En quoy faisant l'Italien n'auroit plus que des afiquetz, des fausses pierres, & des parfums pour tirer l'argẽt de ce royaume. c'est le moyẽ qu'ils ont trouué, n'ayant plus que troquer auec noz marchandises, de nous vendre des fumees, qui sont si cheres, qu'il y a tel parfumeur Italien qui a vendu à vn seigneur de ce royaume, comme vous sçauez, pour quatre cens escuz de gans, & n'en auoit que pour sa prouisiõ. Si mes souhaitz auoyent lieu, ie desirerois q̃ les princes en fissent aussi peu d'estime que Vespasian l'Empereur, ie m'asseure que les parfums de Gascogne osteroyent la charté à ceux d'Italie.

Quant à la quatriesme cause de l'encherissement, elle prouient du plaisir des princes, qui donnent le pris aux choses. car c'est vne reigle generale en matiere d'estat & de republiq̃s, que Platõ a le premier aperceüe, que non seulement les rois donnẽt loy aux subiects, ains aussi changent les meurs & fa-

çons

çons de viure à leur plaisir, soit en vice, soit en vertu, soit es choses indifferentes. Ie n'vseray d'autre exẽple que du roy François premier, qui se fist tõdre pour guerir d'vne blessure qu'il auoit en la teste: soudain le courtisan, & puis tout le peuple fut tõdu, tellemẽt qu'on se moque auiourd'huy des longs cheueux, qui estoit l'ancienne marque de beauté, & de liberté (aussi la perruque blonde est iugee des anciẽs la beauté du peuple de Septentrion) tellement que noz premiers rois defendirẽt aux subiects, hors mis aux Francons naturels, de porter longs cheueux, en signe de seruitude: coustume qui dura iusq̃s à ce que Pierre Lombard Euesque de Paris, fist oster les defenses par autorité qu'auoyẽt lors les Euesques sus les rois. Qui suffit en passant, pour monstrer que le peuple se conforme tousiours à la volunté du prince, & par consequẽt prise & encherist tout ce que les grands seigneurs aymẽt, encores que les choses en fussent indignes.

Nous auons veu trois grãds princes d'vn mesme tẽps, à l'enuy l'vn de l'autre qui auroit de plus belles pierres, de plus sçauans hõmes, & de plus gentilz artisans, à sçauoir le grand roy François, le Pape Paul troisiesme, me, & le roy Henry d'Angleterre: si biẽ que le roy François ne voulut iamais que le roy d'Angleterre eust monsieur Budé, quelque requeste qu'il en fist: & si aima mieux payer soixante mil francz d'vn diamẽt, que le roy d'Angleterre l'emportast sur luy. soudain la noblesse & le peuple commença d'estudier en toutes sciences, & d'achepter pierres precieuses, quoy qu'elles coustassent: tellement que les Italiens ayant senti le vent de noz appetitz, en ont plus falsifié en vingt ans, que l'Indie n'en produisit onques de naturelles: ce qu'eux mesmes n'ont peü celer, appellant le François lourdaut, comme escrit Cardan, de se laisser ainsi escorner. Depuis que le roy Henry mesprisa les pierreries, on n'en veid iamais si grãd marché. c'estoit donc le plaisir des grands seigneurs qui haussoit le pris des pierres precieuses, & non pas la disette, veu q̃ telles pierres ne peuuent diminuer ny perir, hors mis l'Emeraude, qui est vn peu fragile, & la perle qui noircist, & se pourist à la longue. Mais quãd les grands seigneurs voyent leurs subiects auoir à foison les choses qu'ils aymẽt, ils commencent à les mespriser. ioint aussi q̃ l'abondance de soy cause le mespris, cõme nous voyons de la perle,

qui

qui eſt à grand marché pour l'abondãce qui en eſt venue des terres neufues, & neantmoins c'eſtoit anciennemẽt le plus precieux ioyau de nature, comme dit Pline. encores diſons nous en commun prouerbe d'vn hõme illuſtre, ou d'vne choſe belle par excellence, c'eſt vne perle. & le grand Negus, q̃ nous appellons Preſtre Iean, ſeigneur de cinquãte prouinces, met en ſon titre d'hõneur, *Iochan Belul*, qui eſt à dire, perle pretieuſe. La perle eſtoit donc la choſe la plus chere qui fut au monde anciẽnement, tant pour la rarité, qui eſtoit telle qu'on les appelloit vniones, que pour l'eſtimation qu'en faiſoyẽt les princes, qui eſtoit eſtrange & preſque incroyable. Quoy qu'il en ſoit, nous trouuons q̃ la royne Cleopatre en auoit deux du pois d'vne once. eſtimees cinq cens mil eſcuz. Elle en aualla vne par gageure apres l'auoir liq̃fiee: l'autre fut emportee par Auguſte pour la plus belle depouille de ſa victoire, qu'il fiſt tailler en deux, pour attacher aux aureilles de Venus. Nous en auons veu depuis huit ans vne à la blanque, qui pezoit peu moins de demye once, enrichie de cĩq groſſes pierres pretieuſes: & neãtmoins tout le benefice ne fut eſtimé que treize cẽs eſcuz, qui eſtoit

e beau-

beaucoup au iugement des lapidaires: pour monſtrer que l'abondãce des perles a cauſé le meſpris, & du meſpris eſt venu le bõ marché. Autãt pouuons nous dire de la peinture, que les princes du Leuant, & meſmemẽt Alexandre le Grand, auoyent mis en ſi grãd credit, que le tableau de Venus ſortant des eaus, que Apelles auoit peint, fut achepté ſoixãte mil eſcuz: Alexandre luy donna du ſien deux cẽs talens, qui valent ſix vins mil eſcuz. Les tableaux des autres peintres n'eſtoyent pas tant priſez, mais les moindres couſtoyent biẽ cher. Apelles ne fiſt point de difficulté d'acheter vn tableau de Protogene cinquante mil eſcuz. Nous en auons de Michel l'Ange, Rhaphael Durbĩ, de Durel, & ſãs aller plus loĩg, vn de Mõſieur de Clagny en la galerie de Fonteine Beleau, qui eſt vn chef d'euure admirable, q̃ pluſieurs ont parangonné aux tableaux d'Apelles: il y en a pluſieurs autres d'vn merueilleux artifice, mais ils n'aprochent en rien qui ſoit au pris des anciẽs: parce que les princes en font peu d'eſtime, & q̃ tous les peuples du Leuãt & de Barbarie iuſq̃s en Perſe, ont en extreme abominatiõ tous pourtraitz des choſes que nature produiſt, craignant faillir au cõmandement

dement

aux nopces : & quand aux autres iours de festes & foires, sept escuz & demy, qui estoit dix fois plus que Sulla n'auoit permis. Et neantmoins on faisoit si peu de conte de ses edicts, qu'il fut contraint pour les executer, d'aller secretement au marché. Aussi depuis ne se trouua personne qui en fist aucune ordonance. Et mesmes Caligula voulut monstrer exemple à ses subiects de toute prodigalité, dependant en moins d'vn an vint & deux millions d'or, que Tibere auoit espargnez.

Or voyons combien l'abondance d'or & d'argent, & le degast fist encherir les choses depuis Sulla iusques à Caligula, qui ne sont pas cent ans. nous trouuerons que les poissons delicatz, comme le mulet, le turbot, la dorade, le denté, l'esturgeon, la murene, s'acheptoyent au pois d'argent pur & sec, com dit Galen. Il y eut bien vn friant, qui ne merite pas d'estre nommé, qui paya deux cens escuz d'vn mulet de mer ne pezãt que deux liures, qui estoit l'achepter au pois de l'or. Nous en peschons en nostre mer Oceane, & quelquefois en Loire, ou ils se degorgent, de trois & quatre liures pour quĩze ou vint souz, par ce que les grands seigneurs & le

f peuple

peuple ayme mieux la chair.

De ces exemples nous pouuons iuger la charté de toutes autres choſes. car le pan des le temps de Varron couſtoit cinquante deniers d'argẽt, qui font cinq eſcuz. depuis lequel tẽps le pris de toutes choſes hauſſa dix foix autant, comme nous auons monſtré. ce ſeroit au pris de quarãte ou cinquãte eſcuz le pan. Pline paſſe plus outre, car il dit qu'vn nommé Hirrius preſta ſix mil murenes, qui n'ont riẽ ſemblable à noz lamproyes que la longueur, au pois & au nombre, à la charge de luy en rendre autant, & n'en voulut vendre pour or ny pour argent, de quoy on faiſoit peu de cõte pour l'abondance qui eſtoit en Romme. car ce n'eſtoit pas la diſette des choſes, veu que de toutes pars du mõde on aportoit là comme au marché. Vray eſt que les exces aidoyent biẽ à encherir les viures: car il ſe trouuoit que les riches ne ſçauoyent quelque fois comment deſpencer leur biẽ: ce qui aduint à Aeſope ioüeur de tragedies, lequel pour entrer en appetit, ſe faiſoit ſeruir vn plat eſtimé quĩze mil eſcuz, plein de roſſignols chantãs, eſtourneaux, merles, & autres oyſeaux qui auoyẽt aprins à parler. encores que tels oyſeaux ſoyent faides & malplaiſans,

plaiſans,toutesfois le couſt leur donnoit bõ gouſt. Le fils craignant faire deshonneur au pere, humoit des perles liquefiees d'vn pris ineſtimable. Et ne faut point s'ebahir qu'vn ioüeur de tragedies euſt tant d'eſcuz : car les boufons & ioüeurs de farces eſtoyent en ſi grand credit, que Roſcius auoit trente & ſix mil eſcuz de l'eſpargne chacun an, pour faire le badin vne douzaine de fois deuant le peuple, outre le profit qu'il tiroit de ſes ieux particuliers.

Mais pour monſtrer à l'oeil l'abondance d'or & d'argent, il n'y a point de meilleur exemple que d'Apicius maiſtre queux, auquel apres auoir mangé quinze cens mil eſcuz reſtoyẽt encores deux cens cinquante mil, toutesfois craignant mourir de faim, il s'empoiſonna, cõme teſmoignent pluſieurs hiſtoriens. Ce qui me fait croire eſtre veritable ce qu'õ dit de Cicerõ, qu'il eut vne maiſon eſtimee cinquante mil eſcuz pour plaider vne cauſe : car puis q̃ les plaiſans auoyẽt ſi grand credit enuers le peuple, ce n'eſtoit pas de merueille ſi vn tel aduocat eſtoit ſi bien payé.

Or eſt il que tout l'or & l'argẽt leur vint en ſix vins ans, par la depouille de tout le

 monde,

monde, qu'aporterent en Romme les Scipions, Paul AEmyl, Marius, Sulla, Luculle, Pompée, Cesar, & mesmemẽt ces deux derniers: car Põpée conquist tant de pays, qu'il fist mõter le reuenu de l'Empire à huit millions cinq cens mil escuz, qui estoit le double & trois cinquiesmes plus qu'au parauãt. Cesar aporta quarãte millions d'escuz à l'espargne, outre les prodigalitez qu'il faisoit: car pour vne fois il dõna à Paul Cõsul neuf cens mil escuz pour ne sonner mot: & à Curion Tribun quĩze cẽs mil escuz pour estre de sa ligue. Marc Antoine passa bien plus outre, s'il est vray ce q̃ Plutarque & Apian en escriuent: car il donna à son armee pour les agreables seruices deux cens mil talens: cela reuiẽt à six vins millions d'escuz. ce qui est aucunement croyable, veu que l'Empereur Adrian, qui estoit sage menager, pour auoir la bõne grace des legions, qui estoyẽt au nombre de quarante, donna dix millions d'escuz.

Il ne faut donc pas s'ebahir, si les choses estoyẽt cheres, veu l'abondance d'or & d'argẽt qui estoit en Romme. Mais ses exces & braueries ne durerent pas tousiours: car en moins de trois cens ans, les Parthes, les

Goths,

dement qui dit, *Tailler ne te feras image*: tellement que les peintres, mouleurs, fondeurs, imagers, enlumineurs, n'ont place ny credit en ce pays-là non plus que leurs ouurages. C'est donc en partie le plaisir des grãds seigneurs qui fait les choses encherir.

La derniere cause de l'encherissement, est le degast qu'on fait des choses qu'on deueroit menager. La soye deueroit estre à grãd marché, veu qu'on en fait tant en ce royaume, outre celle qui vient d'Italie. La charté vient du degast: car on ne se cõtẽte pas d'en acoustrer les belistres & laquais, ains aussi on la decoupe de telle sorte, qu'elle ne peut durer ny seruir qu'à vn maistre: ce que les Turcs, cõme i'ay entendu, nous reprochent à bon droit, nous appellans enragez & forcenez de gaster, cõme en despit de Dieu, les biens qu'il nous donne. Ils en ont sans comparaison plus que nous, mais sus la vie qu'õ osast en decouper. Autant nous en prend il pour la draperie, & principalement pour les chausses, ou lõ employe le triple de ce qu'il en faut, auec tant de balafres & dechiquetures, que les pauures gens ne s'en peuuent seruir, apres que monsieur en est degousté. Il y a biẽ plus, c'est qu'õ en vse trois paires pour vne, & pour donner grace aux chausses, il faut vne aulne d'estofe plus qu'au parauant à faire vn casaquin. On a fait de beaux editz, mais ils ne seruent de rië: car puis qu'on porte à la cour ce qui est defendu, on en portera par tout. tellement que les sergeans sont intimidez par les vns, & corrõpus par les autres. Ioint aussi qu'en matiere d'habits, on estimera tousiours sot & lourdaut celuy qui ne s'accoustre à la mode qui court : laquelle mode nous est venue d'Espagne, tout ainsi que la vertugade, que nous auons empruntee des Maaresques: auec tel aduantage, que les portes sont trop estroictes pour y passer. qui est bien loin de l'ancienne modestie de noz peres, qui portoyent les acoustremens, cõme dit Cesar, vniz & pressez sus le corps, raportant la proportion & beauté des membres: les Alemans au contraire, les portoyẽt larges : ce qui aporte vn degast incroyable: du degast vient la disette : de la disette vient en partie la charté d'acoustremens. outre la façon qui passe bien souuẽt le pris des estofes: pour les enrichir de broderies, pourfileures, passemens, franges, tortils, canetilles, recamures, chenettes, bors, piqueüres, arrierepoints, & autres pratiques qu'on inuente de

iour

iour à autre. Et de telles braueries on vient aux meubles de la maisõ, aux lictz de draps d'or, ou broderies exquises, aux bufetz d'or & d'argent, & afin que tout s'entresuiue, il faut bastir ou se loger magnifiquement, & q̃ les meubles soyent sortables à la maison, & la maniere de viure conuenable aux veste mens: tellement qu'il faut garnir la table de plusieurs metz. car le François pour la nature de sa region, qui est plus froide que l'Espagne & l'Italie, ne peut viure de curedens, cõme l'Italien. De là vient la superfluité excessiue en toutes sortes de viandes, & la friandise incognue à noz peres, qui a tellement vaĩcu ce royaume, qu'il n'y a pas les valetz de boutique, qui ne veuillẽt disner à la table du More à vn escu, les maistres à deux escuz pour teste. Toutesfois ce ne sont pas encore les plus grands exces, veu qu'il se trouua en reuoyant le proces des finãciers, q̃ l'vn d'entre eux enuoyoit de Paris iusq̃s en Flandres douze botes de chemises blãchir à vn testõ pour piece: & iamais ne dõnoit moins d'vn teston pour les espĩgles. Ce fut l'vne des raisons qui meut du Prat Chãcelier, de se faire ennemy iuré de tels laronneaux, qui gastent la simplicité du peuple, & encherissent toutes choſes de propos deliberé : & le pis q̃ i'y voy, c'eſt au deſpens du prince & du peuple. Ie dy donques que de tels degatz & ſuperfluitez viẽt en partie la charté de viures que nous voyons. Ie laiſſe à dire que c'eſt la ſource de tous vices & calamitez d'vne repub. car il faut ioüer, emprunter, vendre & ſe deborder en toutes voluptez : en fin payer ſes creanciers en belles ceſsions, ou en fallites. Mais ſi les anciẽnes loix des Romains, Gregeois, Hebrieux, Aegyptiens, auoyent auſsi bien lieu en Frãce comme en toute l'Ethiopie, c'eſt à ſçauoir qu'on adiugeaſt le debteur à faute de payement au creancier, pour le vẽdre ou s'en ſeruir, on ne verroit pas tant de voleurs, de ceſsionnaires, & de banqueroutiers, ny la charté que nous voyons cauſee des exces, ne ſeroit pas ſi grande de beaucoup.

Icy, me dira quelqu'vn : Si les choſes alloyent en encheriſſant en partie pour le degaſt, en partie auſsi pour l'abondance d'or & d'argent, nous ſerions en fin tous d'or, & perſonne ne pouroit viure pour la charté. Il eſt vray : mais les guerres & calamitez qui aduienent aux republiques, arreſtent biẽ le cours de la fortune : comme nous voyõs les

Ro-

Goths, Herules, Hongres, & autres cruelles nations fouragerent tout l'Empire, & mesmes l'Italie, foulerẽt aux pieds les Romains, brusslerent leur ville, butinerẽt leur depouilles. Ainsi aduient il à toutes republiques, de naistre & croistre peu à peu, & puis florir en richesses & puissance, en apres s'enuiellir & aller en decadẽce, iusques à ce qu'elles soyẽt du tout ruinees, comme i'ay mõstré au discours sus l'estat des republiques en la Methode des histoires.

Nous auons discouru les raisons de l'encherissement des choses. Reste à monstrer, que Monsieur de Malestroit s'est aussi mespris au titre des monnoyes forgees en ce royaume depuis trois cẽs ans. Car il dit que saint Louys fist forger les premiers souz valans douze deniers, & qu'il n'y en auoit que soixante & quatre au Marc. Il dit aussi, que du temps de Philippe de Valois, l'escu d'or aux fleurs de lis sans nombre, de meilleur pois & aloy que le nostre, ne valoit que vint souz. Puis apres que le roy Iean fist forger les francs à pied & à cheual d'or fin, qui ne valoyent que vint souz. D'auantage que le sou d'argẽt de ce temps-là en valoit cinq des nostres. Il ne dit point de quel titre, de quel pois & aloy estoyent les monnoyes.

Quand à ce dernier point, il se contredit luy mesmes: car il est d'acord q̃ l'escu vieil, qui peze trois deniers trebuchans, ne vaut que soixante souz des nostres: tellemẽt que le sol anciẽ de fin argẽt n'en vaudroit q̃ trois des nostres: & toutesfois les francs à pied & à cheual pezẽt moins que les escuz vieux de quatre grains, & ne sont pas de meilleur aloy: veu qu'aux vns & aux autres il y a vn quart de carat de remede. aussi par l'ordonnance de l'an cinq cẽs soixante & vn, le vieil escu est à soixante souz, & le franc à pied ou à cheual à cinquante cinq souz. Par ainsi il se mesprẽd quasi de la moitié, quãt à la proportion des souz anciens & des nostres. car s'il estoit ainsi comme il dit, que le sol anciẽ de fin argent valust cinq fois autãt comme les nostres, l'escu vieil vaudroit cent souz, le franc à pied ou à cheual quatre liures dix souz.

En secõd lieu monsieur de Malestroit se mesprend, laissant entre saint Louys & Philippe de Valois cent XXIII ans, pendant lequel tẽps Philippe le Bel, arriere fils de saint Louys, l'an mil trois cens, afoiblit tellement la monnoye d'argẽt, qu'vn sol de l'anciẽne

monnoye

monnoye en valoit trois de nouueaux, comme nous trouuons en noz registres, & mesmes en noz Annales, & en l'histoire d'Antonin, de laquelle m'a aduerti Mõsieur de Liures, homme accompli en bon sçauoir. Et combien que pour apaiser la mutinerie du peuple la monnoye fut reduite à l'ancienne valeur, si est ce que dix ans apres elle fut si fort afoiblie, que le sol n'auoit que trois deniers & demi d'argent: tellement q̃ les trois pars estoyẽt de cuiure: qui est la plus foible mõnoye qu'on aye veu de nostre temps. car l'an cinq cens cinquante & vn, les souz forgez par l'ordonance du roy Henry, tienent trois deniers & demy d'argent. On n'a iamais veu de nostre memoire plus d'aliage au billon. Il faut donc conclure, puis que le sol estoit de mesme titre, de mesme pied, de mesme aloy, & qu'il y auoit autant d'aliage il y a trois cens ans, comme à present, que la demonstration de monsieur de Malestroit, & ses exemples ne peuuẽt auoir lieu. car iaçoit que Charles le Bel restitua l'anciẽ titre des souz à douze deniers le roy l'an mil trois cens vingt & deux, toutesfois six mois apres il l'afoiblit de toute la moitié.

Nous trouuons bien d'auantage par noz registres

registres, que l'an mil quatre cens vingt & deux, le titre des souz estoit si foible, que le marc d'argēt valoit quatre vingt liures tournois, qui sont seize cens pieces pour marc d'euure: tellement qu'vn de noz souz vaut à ce conte cinq souz de ceux-là. qui est bien tout le contraire de ce que monsieur de Malestroit a mis en auant, qu'vn sol ancien en valoit cinq des nostres: veu qu'il y a cent cinquāte ans, que cinq souz n'en valoyēt qu'vn des nostres. Il faut donc qu'il raporte ce mot ancien à certaines annees seulement, & non pas à toutes, comme il fait depuis trois cens ans.

Bref, qui voudra fueilleter au liure noir, qui est en la chambre du Procureur du roy au chastelet de Paris, il trouuera que l'an mil quatre cēs & vingt, lors que les Anglois tenoyent Paris, l'escu fut mis à soixante souz, le mouton à quarante, les nobles à sept liures, qui est le pris & valeur du iourd'huy. Vray est que Charle septiesme, l'an quatre cens vingt & deux au mois de Nouembre, fist forger nouuelle monnoye à douze deniers: tellement que le marc d'argēt de quatre vins liures, fut remis à huit liures quinze souz tournois. mais l'ā mil quatre cens cin-

quante

Romains auoir vescu fort echarcement, & si faut dire, en merueilleuse pauureté quasi cinq cens ans, lors qu'ils n'auoyēt que grosse mōnoye d'erain, du pois d'vne liure, & sans marque iusques au roy Seruius. aussi ne forgerent ils monnoye d'argēt que l'an quatre cens quatre vins & cinq, apres la fondation de Romme, comme on peut voir aux fastes. soixante & deux ans apres, on vsa de monnoye d'or. Voyons donc le pris des choses de ce tēps-là, nous trouuerons que le mouton n'estoit estimé que dix asses d'erain, que le docte Budé prend pour trois sous & demy de son temps, & au plus fort quatre des nostres: le bœuf cēt asses, qu'il estime vn escu courōne. & fut le pris estimé par la loy Ateria Trapeia, deux cens quatre vins ans apres la fondation de Romme: au quel temps la solde du pietō, dit Polybe, n'estoit que deux oboles, au cētenier quatre, à l'homme de cheual vn denier, qui valoit trois souz & demy. Quand au pris des autres viures, on le peut iuger par la loy Fannia, qui retrenchea la despence l'an cinq cens quatre vins & douze apres la fondation, auec defense expresse de despēdre plus de cēt asses, qui est vn escu couronne, aux banquetz qui se faysoyent les

iours

iours des grands ieux: aux autres iours dix asses, à la charge qu'il n'y auroit point de volaille, excepté la poulle de pailler: & fut c'est edict publié par toute l'Italie à la requeste de Didius Tribun du peuple. Soixante & quatre ans apres, Crassus le riche voyant que les viures peu à peu encherissoyent, permist de despendre cent asses les iours de foire, des calendes, nones, & ides: & aux nopces deux cēs asses, qui font deux escuz: trois liures de chair seche, vne liure de chair salee, des fruits tant qu'on voudroit. aux autres iours, trente asses, qui font le teston. Vingt & sept ans ensuyuant, lors que la ville fut enrichie de la depouille de Grece & d'Asie, on ne pouuoit tenir la bride au peuple, ioint aussi que pour l'abondāce d'or & d'argent tout estoit fort encheri, Sulla Dictateur voyant les anciennes ordonances s'en aller en fumee, retranchea la despence tant qu'il peut, & toutesfois permist qu'elle fust plus grande des deux tiers q̃ Crassus n'auoit fait: iaçoit qu'il diminuast la taxe des viures. Trente & six ans apres, Cesar, le plus sobre seigneur qui fut onques, voyant tout le peuple debordé en banquetz excessifs, fist quelque edict, par lequel il defēdit de passer vint & cinq escuz

aux

quãte & trois, on forgea des souz à cinq deniers d'aloy, qui est rabatu de la forte monnoye beaucoup plus de la moitié.

C'est dõc vn paralogisme en matiere d'argumens, de prendre vne annee que la monnoye a esté la plus forte pour estimer les choses, & laisser les annees qu'elle a esté la plus foible, qui sont plus frequentes sans comparaison que les bonnes annees: comme en cas pareil qui voudroit tirer en consequence des autres choses, le bon marché d'alumettes qui est en Paris.

I'ay monstré cy deuant que le pris des choses taxé par les coustumes de ce royaume, accordees & homologuees depuis cinquante, les autres depuis soixante ans, estoit dix fois moindre qu'il n'est à present. & toutes fois il est certain que les estatz & les deputez pour accorder les coustumes, n'õt pas suyui le moindre, ny le plus haut pris: mais la plus commune estimation qui estoit lors, comme noz loix nous enseignent. & neãtmoins le chapon n'est qu'à douze deniers tournois par toutes les coustumes d'Aniou, Poitou, la Marche, Champaigne, Bourbonnois, & autres: la poule à six den. la perdris à quinze den. le moutõ gras auec la laine sept

g souz.

souz. le cochon dix den. le mouton cõmun, & le veau à cinq souz. le cheureau trois souz. la charge de froment à xxx s. la chartée de foin pezant quinze quintaux, dix s. qui sont dix boteaux pour vn sol, le boteau pezant quinze liures. c'est la coustume d'Auuergne. En Borbonnois les douze quintaux estoyent estimez dix souz. le tonneau de vin trente s. le tonneau de miel xxxv. s. arpent de bois reuenant deux s. six den. arpent de vigne xxx s. de rente. liure de beurre quatre den. d'huile de noix autant: de suif autant. C'estoit du temps de Louys douziesme, cõme i'ay dit cy dessus: lors q̃ les souz, qui sont à trois deniers XII grains, estoyent à quatre deniers XII grains. Par ainsi le sol du temps de Louys douziesme ne sçauroit au plus haut valoir qu'vn liard d'auãtage que le nostre, en quelque sorte que ce soit: & les quatre souz ne vaudroyẽt pas cinq des nostres. dont il s'ensuit bien que le veau & le moutõ auec la laine, ne deuroit estre estimé que six souz & trois den. de nostre billon pour le plus, puis qu'il y a soixante ans que par toute la France il n'estoit prisé que cinq souz. Autant peut on dire des autres choses. Or nous voyõs que par estimation commune,

l'vn

l'vn & l'autre vaut quatre liures, ou cent souz, voire six liures en Paris, qui est vingt fois plus cher qu'il ne coustoit lors. Si donc les fruitz de la terre, le bestail, la volaille, coustoyent dix ou douze fois moins qu'ils ne sõt, le reuenu des terres & seigneuries estoit d'autant moins estimé, & les baux à ferme à meilleur conte: & par mesme raison les terres dix fois moins prisees. car la meilleure terre roturiere n'est estimee qu'au denier xx. ou xxv. le fief au denier xxx. la maison au denier cinquante. tellement que la terre qui valoit mil escuz de ferme il y a soixante ans, n'estoit vendue q̃ xxv. ou au plus cher xxx. mil escuz. Si donc la ferme a creu à cinq ou six mil escuz, la terre se vendra cent cinquãte mil escuz, qui lors ne valoit q̃ trente mil. Quand aux coruees & iournees de maneuures, nous voyons de toute anciẽneté, qu'elles estoyent quasi taxees à vn denier d'argẽt, qui valoit peu plus que le real d'Espagne: & la solde anciẽne de l'homme de cheual, n'estoit qu'vn denier, comme dit Polybe: en fin l'hõme de pied eut vn denier par iour. ce qui fut gardé mesmes du temps d'Auguste, cõme escript Tacite. Vray est que les dõs faits aux armees pour les agreables seruices, valoyent vingt fois autant que la solde. De là est venu, cõme ie croy, nostre mot Gagne-denier, qui se prend seulemẽt pour ceux qui loüent leur iournee: & mesmes en l'Euangile, le maistre dit à quelq̃s vignerõs enuieux de sa liberalité enuers les autres, N'auez vous pas le denier que ie vous ay promis pour la iournee? Toutesfois par noz coustumes arrestees, comme i'ay dit, & corrigees depuis soixante ans, la iournee de l'homme en esté, n'est prisee que six den. en hyuer quatre den. & auec sa charette à bœufs douze den. La mõnoye noire n'est point diminuee ny haussee de pied depuis ny au parauant soixante ans: & toutesfois on voit que pour six deniers le vigneron, le brasier, le maneuure, le soldat, ne se contẽte pas de cinq souz: mesmes en ce pays ils en veulẽt huit ou dix, remonstrans qu'ils ne peuuent autrement viure. Quant à la coruee des bœufs, elle est estimee vĩgt s. au meilleur marché. c'est dõc vingt fois autant qu'elle estoit prisee il y a soixante ans, en quelque monnoye qu'on le prenne. qui est cause que les iuges, qui ont bien puissance de plier, non pas de rompre les coustumes, quand il est question d'assiettes, rentes, estimation de fruitz ou d'autres

choses

choses semblables, ils ne se seruent plus des coustumes : ains se raportent à l'ordonance touchant l'estimation des fruitz, ioint la cõmune valeur.

Nous auons parlé de la monnoye blanche, disons aussi de la monnoye d'or, afin qu'on puisse iuger à veüe d'œil que ce n'est pas pour auoir alteré les monnoyes q̃ tout est encheri. Ie trouue que la plus fine monnoye d'or forgee depuis trois cens ans en q̃lque pays que ce soit, n'est poĩt plus forte de vingt & trois auec trois quars de carat: comme sont le nobles, les vieux ducatz de Venise, Florence, Sienne, Portugal, le Seraph de Turquie, les Medins de Barbarie, les medalles anciennes des Romains, les doubles ducatz vieux de Castille, les moutons à la grand laine, les escuz vieux, les salutz, les frãcs à pied & à cheual, les vieux angelotz: les escuz couronne ne sont pas si forts de beaucoup : les Milrais valent mieux & les escuz soleil: puis apres les Hẽriz & doubles Henriz. les reales d'or, pistolets, & doubles ducatz de Portugal sont plus foibles. quant aux autres monnoyes, ou il y a moins de XXII caratz, c'est à dire, s'il y a plus de la douziesme partie d'aliage, soit cuiure ou argent,

& moins des dix pars d'or, ce n'est pas or, si-
non en ouurage. tout ainsi que l'argent qui
est plus bas q̃ de dix deniers, ou pour mieux
dire, qui a plus d'vne siziesme d'aliage d'e-
stain, ou de cuiure: & moins des cinq pars
d'argent, ce n'est point argent en matiere de
monnoye, mais billon. & pour ceste cause
les anciens appelloyẽt Electre, l'or ou la cinquiesme partie est d'argent. Posons donc le
cas que l'escu viel, & le frãc à pied & à cheual, qui sont les monnoyes desquelles se sert
monsieur de Malestroit, soyent à xxiiii caratz, auec vn carat de remede: les escuz au so
leil à xxiii & vn huictiesme de remede, suyuant l'ordõnance de l'an cinq cens quarãte:
ou à xxiii caratz & vn quart de carat de remede, comme sont les escuz forgez par l'ordõnance du roy Henry, il n'y aura qu'vn carat de differẽce aux vieux. & quant au pois,
les escuz sol de l'an cinq cens quarante, pe-
zent deux deniers seize grains trebuschans,
à soixante & douze au marc, autant que Iu-
stinian l'Empereur en met à la liure. ce qui a
donné occasion à mõsieur du Moulin, l'hon
neur des Iurisconsultes, d'egaler l'escu de Iu
stinian & le nostre à mesme pied. Mais il y a
autant à dire q̃ de deux à trois. car tout ainsi
que

que le marc a huit onces, & la liure de Iustiniã douze: aussi l'escu d'or forgé par son ordõnãce, qu'il nomme Solidus, est d'vn tiers plus pezãt que le nostre, quasi comme l'angelot. Depuis par ordõnance du roy Henry on en a forgé à deux deniers quinze, & puis quatorze grains trebuschãs. Or est il que le franc d'or peze moins de quatre grains que l'escu vieux, & plus que l'escu sol forgé l'an mil cĩq cẽs quarãte, de quatre grains. Si dõc nous raportõs le pied de l'vn à l'autre, nous trouuerons que l'escu veiel ne vaut qu'vne huitiesme plus que l'escu sol: & le franc d'or pres d'vne neufuiesme plus q̃ le mesme escu sol: car il y a huit escuz vieux en l'once, neuf au soleil, dix couronne: de francs d'or il y en a moins de neuf, & plus d'huit. aussi l'escu veiel par l'ordõnance est à soixante, le franc à cinquãte cinq, l'escu sol à cinquante deux, l'escu couronne à cinquante billon.

Il faut donc cõclure, que si la maison qui s'est vendue deux cens vieux escuz il y a six vings ans, auiourd'huy se vend huit cens escuz sol, qui valẽt deux mil liures tournois de nostre billon, ostãt vn huitiesme que l'escu veiel vaut plus que l'escu sol, restent six cens soixante & treize escuz sol, qui valent

mil

mil ſept cens cinquante liures, ou trente & cinq mil ſouz de noſtre mõnoye. & ſi nous poſons le cas que fuſſent francs d'or, il n'en faudroit tirer qu'vne neufieſme, reſteroyent ſept cens quatre vings eſcuz ſol, que ſe vend la maiſon, qui eſt trois fois plus qu'elle ne couſtoit de ce temps-là. ce que i'ay bien voulu conter par le menu, d'autant que mõſieur de Maleſtroit n'a point dit quelle proportion il y auoit entre les eſcuz pour les accommoder à noz contracts.

Voila quant à l'encheriſſement en general, ſans toucher aux changemens particuliers, qui font encherir les choſes de leur pris ordinaire: comme les viures en temps de famine: les armes en temps de guerre: le bois en hyuer: l'eau aux deſerts de Lybie, ou il ſe trouue vn tombeau en la plaine d'Azoa, qui porte teſmoignage en lettres grauees, qu'vn marchant achepta d'vn voitutier vne coupe d'eau dix mille ducatz, & neãtmoins l'achepteur & le vendeur moururent de ſoif, comme eſcript Leon d'Afrique: ou bien les ouurages de maĩ, & la quinquallerie aux lieux ou il ne s'en fait point, qui ſont ordinairement à meilleur marché aux villes pleines d'artizans, comme à Limoges, Milan, Nuremberg,

remberg, Genes, Paris, Damaſque, Veniſe: ou bien pour l'abondance du peuple & d'argent qui eſt en vn lieu plus qu'en autre: cõme à Stambol, Romme, Paris, Lyon, Veniſe, Florence, Anuers, Seuille, Londres: ou la cour des rois, ou grands ſeigneurs, ou marchans, attire le peuple & l'argent, les viures y ſont plus chers: ou q̃ le changement vient pour vn edict nouueau, comme il aduint à Romme, ou les maiſons furent ſoudain encheries de moitié, par l'edict de Traian, qui ordõna que tous ceux qui voudroyẽt auoir eſtatz & offices honorables, employaſſent la tierce partie de leurs biens en achapt d'heritages en Romme, ou aux enuirons. Toutes ces choſes particulieres ne ſont pas conſiderables au cas qui s'offre, qui eſt general.

Or puis que nous ſçauons que les choſes ſont encheries, & les cauſes de l'encheriſſement, qui ſont les deux pointz principaux que nous auions à prouuer à monſieur de Maleſtroit: reſte maintenant d'y remedier au moins mal qu'il ſera poſsible: ce q̃ monſieur de Maleſtroit n'a touché aucunement, tenãt pour tout certain que rien n'encheriſt.

Premierement l'abondance d'or & d'argent, qui eſt la richeſſe d'vn pays, doibt en partie excuser la charté: car s'il y en auoit telle disette que le temps passé, il est biẽ certain que toutes choses seroyent d'autant moins prisees & acheptees que l'or & l'argent seroit plus estimé.

Quant aux monopoles & degatz qui se font, i'en ay touché cy dessus ce qu'il m'en sembloit. Mais pour neant on fait de belles ordonances touchãt les monopoles, les exces des viures & vestemens, si on ne les veut executer: & toutesfois elles ne serõt iamais executees, si le Roy par sa bonté ne les fait garder aux courtizãs: car le surplus du peuple se gouuerne à l'exemple du courtizan en matiere de pompes & d'exces: & ne fut iamais republique en laquelle la santé ou la maladie ne decoulast du chef à tous les mẽbres.

Quant à la traite des marchandises qui sortent de ce royaume, il y a plusieurs grãds personages qui s'efforcẽt, & se sont efforcez par ditz & par escripts de la retrencher du tout, s'il leur estoit possible: croyans q̃ nous pouuõs viure heureusement & à grãd marché sans rien bailler, ny receuoir de l'estranger. mais ils s'abusent à mon aduis: car nous auons afaire des estrangers, & ne sçaurions

nous

nous en passer. Ie confesse que nous leur enuoyons blé, vin, sel, safran, pastel, pruneaux, papier, draps & grosses toiles. aussi auons nous d'eux en contrechange, premieremét tous les metaux, hormis le fer : nous auons d'eux, or, argent, estain, cuiure, plomb, acier, vif argent, alun, souphre, vitriol, couperoze, cynabre, huiles, cire, miel, poix, bresil, ebene, fustel, gaiac, yuoire, maroquins, toiles fines, couleurs de conchenil, escarlate, cramoysi, drogues de toutes sortes, epiceries, sucres, cheuaux, saleures de saumons, sardines, maquereaux, molues, bref vne infinité de bons liures & excellens ouurages de main.

Et quand bien nous pourions passer de telles marchandises, ce qui n'est possible du tout : mais quand ainsi seroit que nous en aurions à reuendre, encores deuerions nous tousiours trafiquer, vẽdre, achepter, eschanger, prester, voire plustost donner vne partie de noz biens aux estrangers, & mesmes à noz voisins, quãd ce ne seroit que pour communiquer & entretenir vne bonne amitié entre eux & nous.

Ie di plus, quand nous serions acompliz des dõs, Dieu de tout ce qui peut estre dõné aux hõmes, en armes & en loix, sans crainte ny esperance d'autruy, si est ce que nous leur debuons ceste charité, par obligation naturelle, de leur communiquer les graces que Dieu nous auroit faites, les apprendre & façonner en tout honneur & vertu. En quoy les Romains se rendirent indignes de commander, lors que la grãdeur de leur puissance touchoit iusques au ciel, & qu'ils auoyẽt estẽdu leur Empire depuis le soleil couchãt iusques au soleil leuãt, il se trouua quelques peuples qui leur enuoyerent ambassades pour se renger soubs leur puissance, & leur obeyr volontairement. Les Romains voyãs qu'il n'y auoit rien à gagner, refuserent telles offres, comme escript Appian. qui est vn tour le plus lasche, & vne iniure faite à Dieu la plus vilaine qui fut onq̃s : cõme si la maiesté de commander & faire iustice, & mesmes aux pauures peuples mal apprins, n'estoit pas le plus grãd don de Dieu, & le plus grand honneur que peut receuoir l'homme en ce monde. c'estoit bien loin de leur communiquer leurs biens & richesses, comme ils debuoyent faire.

Mais, dira quelqu'vn, Platon & Lycurgue ont defendu la trafique auec l'estrãger, craignant que leurs subiects fussent gastez

&

& corrompuz. Il est vray. mais l'vn a songé ce qu'il ne peut iamais executer, quoy qu'il essayast: l'autre a executé ce que iamais homme n'osa esperer. & toutesfois l'vn & l'autre eust mieux fait, si ie ne suis fort trompé, de permettre la trafique, cõme sagement a fait Moyse, qui a bien monstré qu'il estoit plus grand maistre que ces deux-là: car la lumiere de vertu est si claire, que non seulemẽt elle chasse les tenebres des vicieux, aĩs aussi luist d'autant plus qu'elle est cõmuniquee. Toutesfois nous ne pouuons pas nous preualoir tellement en noz vertuz, que l'estrãger n'ayt de quoy nous rendre la pareille.

Encores, dit on, il ne faut pas donner noz biens pour neant aux estrangers, & mesmes à noz ennemis. aussi nous y donnõs bõ ordre: & toutesfois quand nous le ferions en ayãt à suffisance, nous gagnerions plus leur amitié qu'à leur faire la guerre: puis q̃ Dieu, auquel nous auons iuré & faisons la guerre sans trefues, nous mõstre exemple auec vne prodigalité demesuree. Mais par ce que cecy ne peut entrer au cerueau de ceux qui ne font estat que du gaing, quoy qu'il soit sordide & deshonneste, Dieu par sa prudence admirable y a donné bon ordre: car il a tellement departi ſes graces, qu'il n'y a pays au mõde ſi plãtureux, qui n'aye faute de beaucoup de choſes. Ce que Dieu ſemble auoir fait, pour entretenir tous les ſubiects de ſa republique en amitié, ou pour le moins empeſcher qu'ils ne ſe facent long tẽps la guerre, ayans touſiours afaire les vns des autres.

Ie ſerois bien d'aduis, ſi mes aduis auoyẽt lieu, qu'il fut defendu de trafiquer auec l'Italien pour des atours, des perfums, du plõb, du parchemin, des fauſſes pierres, des poizons: & meſme clore le paſſage à tous les banqueroutiers & bannis de leur pays: ſi ce n'eſtoit qu'il fuſſent bannis pour eſtre trop vertueux, comme on faiſoit en Athenes & en Epheſe: & qu'à ceſte fin l'eſtrãger fiſt apparoir d'atteſtation du prince ou de la ſeigneurie. Cela donneroit exemple aux autres peuples de faire le pareil, & feroit trembler les meſchans qui n'auroyent ſeur acces en lieu du monde. Mais, à ce que ie voy, les payãs & infideles nous ferõt la leçon: car il ſe trouue q̃ Mehemet nõmé le Grãd, Empereur des Turcs, en a monſtré bel exemple en la perſõne d'vn meurtrier, lequel apres auoir aſſaſiné Iulian de Medicis en pleine eglize, s'eſtoit retiré à Stambol, ſiege de l'Empire.

Ce

Ce grãd ſeigneur le rẽuoya pieds & poings liez à Florẽce pour en faire iuſtice. Mais tandis que nous ouurirons la feneſtre aux bannis, le mauuais air & la peſte y entrera touſiours, & n'aurons iamais faute de daciers, qui hument le ſang, rongent les os, & ſucẽt la mouelle du prĩce & du peuple: voire qui font loüange & vertu par liures imprimez des vices les plus execrables du monde, que iamais noz peres n'ont pensé: & toutesfois il n'y a que telles gens bien venuz & cheriz par tout.

Quant aux autres eſtrangers, ie deſire q̃ non ſeulement on les traite en douceur & amitié, ains auſsi qu'on venge l'iniure à eux faite à toute rigueur, comme la loy de Dieu commande: voire meſme qu'on leur quite le droit d'aubeine, qui n'a lieu qu'en ce royaume & en Angleterre, à la charge que l'heritier ſoit habitant du pays. auſsi bien voyõs nous qu'il n'en reuient que le deshonneur à la France, & le profit aux ſanſues de la cour: ioint que cela empeſche le cours de la trafique, qui doibt eſtre franche & libre, pour la richeſſe & grandeur d'vn royaume.

Il ne reſte qu'vn argument auquel il faut reſpondre en vn mot. Quãd la traite à lieu, diſent

disent ils, toutes choses encherissẽt au pays. Ie leur nye ce point-là. car ce qui entre au lieu de ce qui sort, cause le bon marché de ce qui defailloit. D'auantage, il semble à les ouir, que le marchant donne son bien pour neãt: ou q̃ les richesses des Indes & de l'Arabie heureuse croissent en noz landes. Ie n'excepteray que le blé, duquel la traite se doibt gouuerner plus sagement qu'on ne fait. car nous voyons des chartez & famines intolerables à faute d'y prouuoir: tellement que la France, qui doibt estre le grenier de tout le Ponãt, reçoit les nauires pleines de meschãt blé noir, qu'on ameine le plus souuent de la coste Baltique: qui est vne grande honte à nous. Le moyen d'y donner ordre, c'est d'auoir en chacune ville vn grenier public, cõme on auoit anciennement és villes bien reglees, & que tous les ans on renouuelast le viel blé. En quoy faisant, on ne verroit iamais la charté si grãde qu'on voit: car outre ce qu'on auroit prouision pour les mauuaises annees, on retrencheroit aussi les monopoles des marchans qui serrent tout le blé, & souuẽt l'acheptẽt en herbe, pour y asseoir le pris à leur plaisir.

Voila vn moyen par lequel Ioseph grãd maistre

maiſtre d'Epygte, ſauua ſept annees de famine quaſi en tout le mõde. & Traian par meſme moyẽ ſauua l'Egypte de famine vne annee, combiẽ que l'Egypte ſoit la mere nourrice du Leuant.

Quãt à l'aduis de quelques vns, qui veulent qu'on arrache les vignes pour mettre tout en blé, ou pour le moĩs qu'il ſoit defendu de planter vignes pour l'aduenir: les payſans s'en moquent à bon droit: auſsi Dieu par ſa grace a bien donné ordre que tout ne fut pas en vigne ny en blé. car la meilleure terre pour la vigne, ne vaut rien pour le blé, d'autant que l'vn ayme la plaine forte & graſſe, l'autre demande les couſtaux pierreux. D'auantage, la vigne ne peut croiſtre outre le quarante neufuieſme degré pour la froidure. tellement que tous les peuples de Septentrion n'ont autres vins que de France & du Rhin: & toutesfois ils en ſont ſi friãs, qu'ils creuent de force d'en boire. Par ainſi arrachãt les vignes, on arracheroit l'vne des plus grandes richeſſes de France.

Mais il y a bien vn moyen lequel mis en auant par les maiſtres docteurs en matiere d'impoſt, ſoulageroit merueilleuſement le peuple, & enrichiroit le royaume. c'eſt, qu'õ mist vne partie des charges ordinaires sus la traite foraine du blé, vin, sel, pastel, toiles, & draps : & principalement sus le vin, sel, & blé, qui sont trois elemens desquels depend, apres Dieu, la vie de l'estrãger, & qui iamais ne peuuent fallir. Les minieres de Septentrion & des Indes s'epuizẽt en peu de tẽps, & l'or vne fois epuizé ne peut renaistre qu'ẽ mille ans, comme disent les soufleurs : mais noz sources viues de blé, vin & sel, sont inepuisables. Si dõques vne partie des charges ordinaires estoit mise sus la traite foraine, nous en aurions beaucoup meilleur conte dedans le royaume: car l'estranger en prendroit plus echarsement, & l'achepteroit au pois d'argẽt: ce qui enrichiroit ce royaume, veu qu'il ne s'en peut passer. & quelques defenses qu'on aye fait en Flandres de ne prendre du sel de Frãce, si est-ce que les estatz du pays ont tousiours remonstré que leurs saleures se gastoyent au sel d'Espagne, & de la Franche conté. Et quand il aduient que les marez salans & brouages de Frãce ont faute de sel pour les pluyes ou froidures, l'estrãger ne laisse pas de l'achepter au triple pour en auoir, quoy qu'il couste. Or est il que le sel est à meilleur marché en Angleterre, en

Escosse

Escosse & en Flandres, qu'il n'est en France, hormis en la Guyéne: qui est vne lourde incongruité en matiere d'estat & de menagerie. Autant en aduient il pour les vins & pastels, sus lesquels les princes estrangers mettent l'impost le plus excessif qu'il est possible, qui tourneroit au profit du roy & du royaume, si on mettoit vne partie des charges ordinaires sur la traite foraine. Ce moyé là m'a semblé notable pour remedier à l'encherissemét des choses necessaires en ce royaume, & sans lesquelles l'estranger ne peut viure.

Ie mettray encores ce point-icy pour obuier à la charté des viures, qui pourra sembler fort nouueau à plusieurs: mais ie m'asseure que monsieur de Malestroit, qui est amoureux de paradoxes, ne le trouuera pas estrange. C'est, que l'vsage du poisson fut remis en tel credit qu'il a esté anciennement: car il est tout certain que le pauure peuple auroit bié meilleur conte du bœuf, du porc, du mouton, & des saleures, & les volailles seroyent à pris plus raisonnable. Or il nous seroit fort aysé, car la France est posee entre la mer Oceane & Mediterranee, qui est vn aduantage que peuple sus la terre, hors mis

 l'Espal'Eſpagnol, ne peut auoir. Mais outre l'Eſpagne, qui a fort peu d'eaues, & qui tariſſent bien ſouuent, nous auons cent millions de fonteines, de ruiſſeaux, de riuieres, de lacs, d'eſtãgs, de viuiers pleins de poiſſon: & toutesfois on n'en mãge qu'à regret, & lors que l'vſage de chair eſt defendu: tellement qu'il y en a pluſieurs qui aimeroyent mieux manger du lard iaune le iour de Paſques, q̃ d'vn eſturgeon. qui eſt cauſe que le poiſſon demeure, & la chair encheriſt: car les chaſſemarees n'emploirõt pas leur peine & argẽt, voyant qu'on ne fait conte du poiſſon, qui s'entremange par faute de le mãger, & croy qu'il nous chaſſeroit des villes s'il pouuoit viure en terre: comme il aduint aux habitãs des iſles de Maiorque & Minorque, qui furent tellemẽt aſsiegez par les connins, qu'ils deſdaignoyent, que force leur fut, comme eſcript Strabon, d'enuoyer ambaſſades vers Auguſte pour auoir ſecours d'vne legion contre tels ennemis qui fouragoyent tout le plat pays, & ruinoyent les villes de fond en comble.

Toutesfois il y a de petits medecins, que le gentil Ariſtophane appelle Scatophages, qui font boire leur faute au pauure poiſſon,

& le

& le decrient estroittement : ou bien pour mettre leur mestier en credit, se voyant peu prisez, tyrannizẽt les appetitz des hommes. Ie n'entend rien en leur science, & ne puis pas iuger si le poisson est si mal sain qu'ils disent: toutesfois ie m'en raporte à leur grãd pere Syluius, qui les blasmoit fort aigremẽt, leuãt les defenses qu'ils font de mãger poisson, apres auoir monstré leur abus à veüe d'œil. Vray est qu'il defendoit la varieté des mets, & les poissons salez, & vouloit qu'on assaisonnast le poisson sans eau s'il estoit possible. Maistre Galen dit bien d'auantage en deux lieux de ses œuures, qu'il n'y a nourriture au monde meilleure n'y plus aysee que des poissons de roche, qui sont infiniz, & en fait beaucoup plus d'estime que des pãs, ny des faizans. Ce qui a grande apparence, outre l'experience qu'vn chacun en peut faire: veu que le poisson est si sain de son naturel, qu'il n'est subiect à maladie quelconque. Il n'est iamais ladre, cõme le porc & le lieure: ny teigneux, comme le mouton: ny punais, cõme le bouc: aussi n'est il point subiect aux hydropisies, comme les brebis: ny aux apostemes, comme les bœufs: ny au mal caduc, comme les cailles & cocs d'Inde: ny aux inflammations, comme les poules & chapõs: ny aux poux & passereaux, comme les pigeons. Aussi voit on qu'en la loy de Dieu les porceaux & lieures, qui sont presques tous ladres au pays de Midy, & tous oyseaux de proye, & les bestes au pied rond, ou bien au pied fourchu qui ne remarchent point, sont defendues cõme infettes & malsaines: mais tout le poisson est permis, horsmis certain poisson mol & visqueux. Et n'est pas vray semblable q̃ Dieu eust cree quatre cens sortes de poisson, qui ne couste riẽ à nourrir, & quasi tout propre à l'vsage humain, s'il estoit malsain: veu mesmes qu'il n'y a pas quarante sortes de bestes terrestres & de volaille qui puissent seruir de nourriture. Ie confesse bien qu'il n'y a rien pire pour l'estomac que manger chair & poisson ensemble, pour la varieté, mais on peut biẽ en vser separemẽt.

Quoy qu'il en soit, Apicius le Grãd maistre queux, friãd s'il y en eut onques en tout le monde, & Athenee au bãquet des sages, nous tesmoignent, que les Gregeois & Latins ne faisoyent estat, en matiere de friandize, que de poisson, que nous mangeons par penitẽce: tellement que les grãds seigneurs s'appelloyent par honneur Daurade, Murene,

rene, Brochet: & ne faisoyent friands banquets q̃ de poisson, tesmoing celuy de l'Empereur Caligula, qui dura six mois: & pour le faire on pescha toute la mer Mediterranee. Quelq̃ fois pour la varieté on y mesloit le Pan, le Faisan, la Griue, le Becfigue, le Leurauld, ou le grand porc sanglier farcy de toutes sortes de volailles: toutesfois les poissons emportoyent tousiours l'honneur, & se vendoyent quelque fois au pois d'argẽt, comme i'ay dit cy dessus, voire se portoyent en grand triumphe sus la table.

Or est il q̃ le poisson de nostre mer Oceane est sans cõparaison plus grand, plus gras, & de meilleur goust q̃ celuy de la mer Mediterranee, de quoy Rondelet nous a bien aduerti en son liure des poissons: & ceux-là en peuuent bien iuger, qui à mesme table ont gousté du poisson de l'vne & de l'autre mer, cõme on fait à Toulouze, ou la maree vient des deux mers, à sçauoir d'Agde & de Bayõne. & qui plus est, il n'y a coste de mer, qui n'aye varieté de poisson. La coste de Picardie, ou la mer est sabloneuse, porte le poisson plat: la coste de Normãdie & de Guyenne, qui est pierreuse, porte le poisson de roche: la coste de Bretaigne, qui est limoneuse,

porte

porte les poissons ronds, comme Lāproyes, Congres, Merluz. Et quasi chacune sayson ameine ses poissons : tantost les harens frais, tontost les maquereaux, tātost les lāproyes, & autres semblables: tellement que les hommes ne sçeurent iamais d'ou viennent tout à coup ces peuples de harens à miliars vers la coste de France & d'Angleterre ; de Sardines en Galice, de Thons au destroit de Stambol, d'Anchois à la coste de Prouence, de Murenes en la mer de Sicile: & toutesfois il faut confesser que ce grand prouiseur du monde ne les a crees que pour nos necessitez. Ie laisse à parler du poisson d'eau douce, qui se trouue par tout.

Si dōques le poisson auoit le credit qu'il a eu le temps passé, il y auroit vne infinité de chassemarees, & peupleroit on les estāgs & viuiers plus soigneusemēt qu'on ne fait : on mangeroit la maree depuis Septembre iusques en Mars, lors qu'elle est la meilleure, sans attendre la quaresme, que le poisson cōmēce à frayer & perdre son meilleur goust. Cela feroit que le menu peuple, les paysans & artisans auroyēt bon marché de la chair, & par consequence la volaille seroit aussi à meilleur conte.

Il me

Il me souuiēt de la raison du docteur Picard bonne & politique, en ce qu'il remonstra au feu roy Henry, s'il permettoit l'vsage des œufs en caresme, qu'on ne trouueroit ny poules ny poulets apres Pasques. car mesmes en Angleterre, qui est pleine de troupeaux & de volailles, encores que la discretion de viande soit ostee, si est-ce neantmoīs qu'ils sont contraints d'entretenir les defenses de manger chair à certains iours de la sepmaine, voyāt la chair encherir. toutesfois par ce que la royne & les grands seigneurs contreuiennent à leurs defenses, le peuple n'en fait pas tel conte qu'il deburoit.

Mais il me semble qu'il y a biē vn moyen plus expedient, sans aucunes defenses: car il n'y a rien plus doux ny plus agreable à l'hōme que ce qu'il luy est defendu, quād celuy qui donne la loy contreuient à sa defense. Cela fait que la plus part du peuple trouue la chair si bonne, & le poisson de si mauuais goust, parce que ceux qui defendēt la chair, ne viuēt d'autre chose: tesmoing le bō Euesque Espagnol, qui mua le chapō en poisson au iour maigre, apres auoir dit quelq̄s mots: demeurant toutesfois la forme accidentale & le goust du chapon, comme recite Poge

k Floren-

Florentin. Au contraire si le prince viẽt vne fois à leuer les defenses, & neantmoins qu'il se face seruir du poisson, tous les grands seigneurs & courtisans le suyueront, & puis tout le peuple. Voila le seul moyen de mettre le poisson en credit. Ie n'vseray d'autre exemple plus anciẽ pour verifier mon dire, que de celuy d'Adrian Flameng de nation, qui de pauure escholier nourri de merluz, fut creé Pape, par le moyen de son disciple Charles cĩquiesme Empereur. Et parce qu'il aymoit fort, & loüoit sans propos le merluz salé, cela fist que ses courtizans & beguins consistoriaux en mangeoyent contre leur consciẽce, pour gratifier sa sainteté: soudain tout le peuple y courut à l'enuy, comme escript Paul Ioue au liure des poissons: si bien qu'il n'y auoit rien plus cher à Romme que le merluz salé. car les fins courtizans contrefont tousiours les princes, & mesmes és choses les plus ridicules: comme il aduint à Ferrand roy de Naples, qui auoit naturellement le col tors: ses courtizans pour luy cõplaire, tournoyent le col comme luy. le surplus du peuple, & mesmes les fols & ignorans, se paissent d'opinions, & suyuent les grands. Voila le paradoxe qui me semble

consi-

considerable en matiere de viures, pour remedier à la charté.

Quant au dernier point, qui peut aucunemẽt tenir les marchãdises à pris egal, c'est l'equalité des mõnoyes. Aussi est il certain, qu'on ne verra iamais cesser les abus qui se font, qu'on n'ait reduit toutes les mõnoyes à trois sortes, & au plus haut titre qu'il sera possible, apres auoir decrié tout le billon. C'est le seul moyen d'exterminer les faux mõnoyeurs: descorner les flateurs, qui font hausser & rabaisser le pied des monnoyes: d'arrester à peu pres l'estimation & pris des choses: bref, de moyenner l'aisance de la trafique.

Ie di donc, que si toute la monnoye d'or estoit à vingt & trois caratz sans remede: toute la monnoye blanche à onze deniers douze grains argent le roy: le surplus de la monnoye de rosette pure. & q̃ la monnoye d'or & d'argẽt fut marquee au moulin pour obuier aux roigneurs, on cognoistroit fort aisement la bonté des monnoyes à l'œil, au son, au pli, au pois, à la touche, sans feu ny burin: & ne se pouroyent falsifier qu'on ne l'aperceust. Et pour empescher que le milieu de la monnoye ne fut alteré, il faudroit que la plus pezante piece d'or & d'argent ne fut que de quatre deniers de pois, comme l'Angelot & le demy testõ. Car il n'est pas malaisé de falsifier les monnoyes espesses: comme la Portugaloise, le Iochin daller, q̃ nous appellons Iocondalle: comme anciennement aussi la monnoye d'or que fist forger Heliogabale du pois de trois marcs & demy: & celles qui furent forgees d'vn marc d'or au coing de Cõstantinopole, dont l'Empereur Tibere second fist present à nostre roy Childeric de cinquante.

Que telles monnoyes sont aysees à falsifier, on l'a veu par experience aux Dalers d'Almagne, dont la plus part est presque à onze deniers par le bord, & au milieu à six ou sept deniers seulemẽt. Nous voyõs aussi le teston faux à six ou sept deniers, sans que le pauure homme l'apercoyue, ny au pois, ny au son, ny à l'œil. & si le faux mõnoyeur fait le teston à neuf deniers d'argẽt, les plus auisez y sont trompez. Et ne faut point dire que le ieu ne vaudroit pas la chandelle, car en douze marcs d'œuure il y a trois marcs d'empirãce: les frais ne seroyẽt pas si grans, qu'il n'y ait du gaing beaucoup.

Quant au billõ qui porte moins de trois deniers

deniers douze grains d'aloy, comme noz douzains & caroluz : ou de quatre deniers, comme les pieces de trois & de ſix blancs, on y perd la cognoiſſance, tellement que le fauſſaire en fait ce qu'il veut. Ou ſi la monnoye blanche eſtoit d'argent à vnze deniers douze grains d'aloy,& pour piece ne pezoit que quatre deniers pour le plus, la moindre vn obole, il ſeroit treſmalaiſé qu'on la peuſt falſifier, q̃ ſoudaĩ l'œil & le ſõ ne decouuriſt la fauſſeté. Et pour obuier aux roigneures, il ne faut que le moulin: car nous voyõs que l'anciẽne monnoye d'or & d'argent qui vient d'Eſpagne, ne ſe peut falſifier qu'on ne le voye facilement, mais la plus part eſt roignee : ce qu'on ne peut faire de la monnoye forgee au moulĩ. Pour le faire court, le fauſſaire n'a moyen de forger monnoye reprouuee, que par le billon : qui eſtoit la cauſe de tant de faux monnoyeurs qui eſtoyent anciennemẽt en Grece, & maintenãt en France:car Demoſthene eſcript au plaidoye contre Timocrate, q̃ la couſtume de pluſieurs villes eſtoit de meſler le plomb ou l'eſtain doux auec le cuiure & l'argẽt. auſsi ſe plaint il fort des faux monnoyeurs de ſon temps.

On me dira que l'eau fort peut emporter

ce qu'on veut de l'argent,ſans effacer la figure ny la rondeur. Il eſt vray : mais l'eau fort couſte plus que ne vaut le profit de l'argent qu'on en tire : ioint auſsi qu'il y a touſiours de la perte d'argẽt, & que l'eroſion & le pois decouure la fauſſeté.

Quant à la monnoye d'or, il ſuffira bien qu'elle ſoit à vingt & trois caratz ſans remede: en quoy on eſpargneroit les grands fraiz qu'il faut faire pour affiner l'or au feu & au cyment royal, & la monnoye ſeroit plus ſolide, ſans qu'il peuſt rien deperir à la longue. mais nous affinons ſi bien l'or, que outre les fraiz qu'il faut faire, il s'vſe à la longue, & eſt fragile, & ne peut longuement porter ſa marque.

D'auantage, laiſſant les fraiz qu'on fait pour affiner l'or, laiſſant auſsi la fragilité & l'vſance, ce qui a meſme raiſon en l'argent pur à douze deniers : il y a vne autre perte q̃ noz orfeures & mõnoyeurs ne penſent pas: car ils tiennent pour certain que l'or, non plus que l'argent pur, ne peut diminuer au feu. & toutesfois la verité eſt, qu'en tirãt l'aliage l'or & l'argẽt s'en vont & ſe conſumẽt peu à peu: cõme en tirant les mauuaiſes humeurs il y va du bon ſang. Et qu'ainſi ſoit,

l'eau

l'eau de depart, que le Cointe nous à trouuee depuis ſoixante ans, en fait la preuue: car ayant reduit l'argent en eau liquide, l'or demeure pur à vingt & quatre caratz: & neãtmoins le laiſſant en la fournaize il diminue de pois. Il faut dõc conclure, que l'or ſe pert & conſume au feu : ce que noz orfeures ne peuuent croyre, pour n'auoir pas la patiẽce d'en faire lõguement la preuue, ou craignãs quelque perte. Mais qui voudra abreger le temps, qu'on prenne vn viel eſcu, & apres l'auoir reduit au vingt & quatrieſme carat par l'eau fort afinee de ſalpeſtre, de couperoſe, & de ſel Ammoniac: qu'on le peze, & puis qu'on le mette auec le ſel Ammoniac & l'arſenic quelque temps : puis le ſel oſté, qu'on iette le tout en la fournaize auec du ſoufre vif. il n'y ſera pas long temps apres le ſoufre conſumé, qu'on n'apercoiue le pois eſtre diminué. Qu'on le remette derechef auec l'arſenic, le ſel Ammoniac, & le ſoufre vif, on verra la diminution de pois à chacune fois, iuſques à ce qu'il ſoit tout conſumé. combien qu'il ſuffit pour la demonſtration qu'il ſoit diminué tant ſoit peu, apres auoir paſsé par l'eau fort: veu que la diminutiõ ne peut eſtre que d'or fin. Il y a bien plus, l'arſe-

nic

nic seul, qui est la poizon des animaux, des plantes & des metaux, le consume à la longue sans feu: ce q̃ l'Empereur Caligula voulut esprouuer à sa grãde perte, cõme escript Pline. Autrement ce seroit errer aux principes de nature, de poser vn corps naturel, & mesmement corps composé, & si terrestre cõme est l'or, qui ne peust perdre sa forme. car de soy il ne la sçauroit perdre n'estãt subiet à corrosion ny rouilleure: ioint aussi que le feu reduit tout en cendre, ou en verre, ou en flamme, ou en fumee. I'ay esté en l'erreur du vulgaire iusques à ce q̃ l'experience m'en a asseuré, & la raison naturelle m'a contraint d'en voir la preuue. Ils disent le semblable d'argẽt pur en coipelle à XII den. mais si on voit l'or pur se consumer, à plus forte raison l'argent fin.

Par ainsi pour euiter à la perte de l'or qui se fait en l'afinãt au cyment royal, & au feu, & à l'vsance, & au dechet, & à la fragilité, il suffit que l'or soit à vingt & trois carats sans remede. par ce moyen il aura assez de corps & d'aliage pour durer & porter sa marque, & sera meilleur q̃ l'or d'escu sol d'vn huitiesme de carat & plus. Et ne faut pas craindre que le faussaire tire l'or des escuz auec l'eau

royal

royal affinee de ſel Ammoniac (ce qu'ils ont trouué depuis quelque temps) car ſoudain le pois deſcouure la faute, & ne ſçauroyent donner charge qui dure, ou qui ne ſe voye. ioĩt auſsi que les fraiz de l'eau fort ſont trop grãs pour le peu de profit, & q̃ l'eroſiõ ſe cognoiſt quand on y regarde de pres. Et pour euiter que l'eſtranger ne donne cours à ſa monnoye, au preiudice de la noſtre, il faut la decrier, ſi elle n'eſt de meſme aloy que la noſtre. car la mõnoye d'Italie & d'Eſpagne, eſt bien loing de l'ancien titre.

Quant à la monnoye d'erain pur, le faux mõnoyeur n'y peut riẽ gagner en ſorte que ce ſoit, car meſme la façon & la difficulté de la forge couſte bien cher: mais eſtans les doubles & deniers aloyez d'argent, on y peut beaucoup gagner, tirant l'argent & forgeãt grande quãtité, comme fiſt Pinatel, qui deroba pour vn coup quatre cẽs mil francs en ceſte ſorte. C'eſt la raiſon pour laquelle on doibt faire telle monnoye d'erain pur ſans argent, ny eſtain, ny poudre, i'entends de roſette, comme à Venize & en Eſpagne: car le denier d'argẽt, ou dixhuit grains, qu'on met aux doubles & deniers, ne ſe peut iamais cognoiſtre qu'à la fonte. D'auãtage l'ayſance

I ce

ce de telle mõnoye pour estre de rosette pure, se forgera plus large & plus espesse, & ne coustera pas tant à la façon, & n'y aura pas tant de dechet: aussi le peuple y poura estre grandement soulagé, si on veut faire quatre degrez de telle monnoye sans argent, à sçauoir le denier, le double, le liard, & le quatrin, ou qu'on l'appelle comme on voudra. autrement la moindre monnoye d'argent à onze deniers douze grains le roy, seroit trop petite, & cousteroit trop à mettre en œuure.

En quoy la royne d'Angleterre a fait vne grande faute, decriant tout le billon, & la monnoye d'erain en son pays, & faisant batre monnoye presque d'argent pur: qui est vn grand dommage au pauure peuple. car la moindre monnoye, qui est vn Pené bien fort petit, vaut huit deniers obole: tellement que le pauure peuple est contraint d'vser de mailles de plõb, & ne peut achepter en menues danrees sans perte: & quãt à l'indigẽt, il ne peut trouuer aisement qui luy face vne charité: qui est couper la gorge aux pauures. Au contraire en Espagne ils forgent trente & six petitz Cornadiz: & à Venize & presque en toute l'Italie trente & six Bagatins, qui ne valent qu'vn douzain des nostres.

ſtres. Ils ſont encores pis au Liege & en Loraine, ou les quarante & huit ſouz d'erain ne valēt qu'vn douzain des noſtres: qui eſt vne perte au public pour la façon de la monnoye, & n'aporte aucū profit au particulier, ny au pauure indigent, meſmement en Eſpagne & Italie, ou les viures ſont beaucoup plus chers qu'en France.

Quāt au moulin, on dit qu'il y a trop de cizaille & trop de dechet, car en cēt marcs, il ne s'en peut trouuer que ſoixante & dix marcs d'œuure, ou il n'en faut pas vn ou deux marcs au marteau. I'acorde q̄ les frais ſont plus grands: mais outre ce que la monnoye du moulin eſt plus belle & plus ayſee à faire de beaucoup, le roigneur n'en peut rien emporter qu'ō ne l'aperçoyue: & quāt à la mōnoye du marteau, le faux mōnoyeur en fait ce qu'il veut. Toutesfois il s'eſt troué homme qui a monſtré vn autre expediēt que le moulin, en la preſence du roy: mais on a trop d'affaires pour y penſer.

Voila donc pour l'ayſance & façon des trois monnoyes, d'or, d'argēt, & de roſette: laquelle eſtant forgee comme i'ay dit, fera cognoiſtre ſon titre iuſques aux petits enfans, ayant le ſon, le pli, le pois, la couleur, la

 touche,

touche, la marque si asseuree, que le faussaire ne la pourra iamais alterer. qui est vn point de telle consequence, qu'vn chacun sçait, & qui nous deburoit mouuoir à l'executer, quād bien il n'y auroit autre profit. veu qu'il n'y a peste en la republique plus domageable: & toutesfois on ne voit autre chose que faux mōnoyeurs & soufleurs, lesquels apres auoir multiplié tout en rien, pour recrouuer leur perte, forgent la fausse monnoye, qui n'auroit iamais cours, si ce que i'ay dit auoit lieu.

Mais il y a bien vn autre point outre cela: c'est que la flaterie des courtizans, qui font changer le pied des monnoyes, sera par ce moyen rabatue. Car le billon estant vne fois decrié, encores qu'apres on le vueille remettre sus, il n'y aura celuy qui ne le regette: cōme il aduint l'an mil trois cens & six, que Philippe le Bel altera le premier la mōnoye d'argent pur, lequel pour ceste cause Dante appelle *Falsificatore di moneta*: il y eut vne merueilleuse peine à luy donner cours. tellemēt que le peuple de Paris se mutina, pilla, & saccagea les maisons d'Estienne Barbette, & alla mesmes asieger le roy au temple, iettant son disner qu'on luy portoit, en

la

la fange, auec plusieurs insolences. Et combien que le roy en fist quelque punition, toutesfois craignãt plus grande esmeute, il restitua la monnoye d'argẽt pour ce coup-là au premier pied. Vray est, que dix ans apres elle fut derechef afoiblie de la moitié.

On me dira, qu'afoiblir la loy, & hausser le pris des monnoyes, c'est vn moyen prõpt en necessité, pour fournir argẽt au roy sans fouler le peuple. Il y a double responce: premierement c'est vne imposture & pure trõperie des courtizans, de dire que le roy & le peuple y gagne, veu q̃ l'vn & l'autre y perd à veüe d'œil: tout ainsi que prendre sus vne vigne sans la couper ny façonner, & par ce moyẽ la faire mourir en trois ou quatre ans: autant en aduient il quand on afoiblist les monnoyes, & qu'on hausse le pris. En secõd lieu necessité n'a point de loy, si la necessité y estoit: & neantmoins ie n'ay iamais leu qu'on l'ayt fait en ce royaume par necessité: ains au contraire Charles septiesme en son extreme necessité, lors qu'on l'appelloit roy de Bourges, dix iours apres la mort de son pere, l'an mil quatre cens vingt & deux, au mois de Nouembre, fist forger la plus forte monnoye d'argent qui fut onques, car elle tenoit douze deniers ſans aucune empirance. & lors qu'il eut donné la chaſſe aux Anglois, & recouuert ſon royaume en pleine & haute paix, il afoiblit la monnoye d'argẽt beaucoup plus que de la moitié : car l'an mil quatre cens cinquante & trois, il fiſt forger les ſouz à cinq deniers d'aloy. Autãt en fiſt Philippe le Bel, qui afoiblit la monnoye preſque de deux tiers ſans aucun beſoin, ſinon à l'appetit des flateurs.

I'ay bien leu que les Romains l'ont pratiqué en la premiere guerre Punique, lors q̃ l'aſſe, mõnoye d'erain qui pezoit douze onces, fut reduit tout à coup à deux onces, demeurant ſa valeur premiere. & en la guerre contre Annibal il fut mis à vne once pour meſme pris : & depuis par la loy Papiria reduit à demy once pour meſme valeur. ce qui eſtoit neceſſaire pour trois raiſons : premierement pour les grandes pertes qu'ils receurent alors des ennemis, & la neceſsitè extreme ou ils tomberẽt. En ſecond lieu, pour la pezanteur de la monnoye qui eſtoit d'vne liure. En troiſieſme lieu, que la mõnoye d'erain eſtoit trop forte de ſept pars, huit faiſant le tout : car la liure d'argent à ce conte, valoit huit cens quarante liures d'erain: qui n'eſt n'est estimee par la loy d'Alexandre Seuere, que cent liures pour vne, posé que ce ne fust letõ ny cuyure. Mais la premiere faute vint de Druse Tribun du peuple, qui mesla au denier d'argẽt fin l'huitiesme partie d'erain. Marc Antoine fist encore pis, brouillant l'argent, le fer & l'erain ensemble.

Le troisiesme profit qu'on receura de la mõnoye forgee comme i'ay dit, c'est que l'estranger aportera force marchandise, & en fera meilleur cõte, comme on voit en Espagne, ou les ducats, double ducats & reales anciennes attirent l'estranger, qui laisse sa marchandise à vil pris pour auoir de telle monnoye, quoy qu'il soit defendu de l'emporter du pays (ce qu'il faudroit aussi defendre en ce royaume) & y gagner en son pays, la forgeãt au coing de son prince. Ainsi faisons nous des veielles reales, qui sont à douze deniers trois grains d'argent, les monnoyeurs de France y gagnẽt sept souz pour le moins sus le marc. Et le Flameng nous laisse la marchandise à meilleur pris, pour emporter noz testons au bas pays, & forger les pieces de quarante & trois souz, beaucoup plus foibles que noz testons : tellemẽt qu'ils gagnent xxv souz sus le marc.

Au

Au contraire ſi la monnoye eſt trop foible pour ſon pris, il faut troquer auec l'eſtrãger à perte de finance: car il ne veut point de telle monnoye, qu'au pris qu'il la peut mettre en ſon pays. Et ſi on n'a dequoy bailler en contreſchange de la marchandiſe, le pays demeure pauure: comme anciennement le pays de Lacedemonne, ou Lycurgue apres auoir decrié l'or, l'argẽt & l'erain, fiſt forger vne lourde & pezante monnoye de fer en forme de baſtõ, à la trempe de vinaigre, qui le rendoit ſi eſclatant qu'il ne pouuoit meſmes ſeruir à faire des cloux. Qui eſtoit cauſe que le pays eſtoit fort pauure: car l'eſtranger n'y trafiquoit aucunemẽt. Vray eſt qu'ẽ recompenſe il n'y auoit prince qui leur fiſt la guerre pour leurs richeſſes, auſsi n'y auoit il point d'orfeures, ny de ioyauliers, ny de faux mõnoyeurs, ny de coupebourſes: mais ce bon prince là fiſt ce que iamais homme n'oſa atenter: & meſmes les Lacedemoniens vainqueurs des eſtrangers, ayans oublié la leçon de leur maiſtre, & receu l'vſage d'or & d'argent, ne l'ont iamais peu chaſſer, quelque force que leurs roys y employaſsẽt, qui furent eſtranglez & tuez à la pourſuite. Par ainſi puis q̃ nous ſommes contraints d'vſer

des

des metaux, pour donner loy & pris à toutes choses, il faut s'efforcer de la faire forte & bonne & de trois metaux seulement, à sçauoir d'or, d'argẽt & d'erain, en la sorte & pour les raisons que i'ay dit.

Et ne puis aprouuer la coustume de Mauritanie & de la Guynee, qui vse d'or puluerizé au lieu de mõnoye marquee, cõme i'ay sçeu de noz marchans qui trafiquent en ce pays-là. car il n'est possible qu'on n'y face de la tromperie, veu qu'il n'y a moyen de cognoistre l'or qu'au pois, & qu'il faut mettre la poudre en coipelle.

On fait bien en Aethiopie, & presque en toute le reste d'Afrique, mõnoye d'or marquee, mais pour le peu d'argent qu'il y a & d'erain, ils vsent de mõnoye de sel en forme quarree, comme escript Aluarez : ce qui empesche l'aysance de la trafique, pour la pezãteur, vilité, & fragilité du sel.

En plusieurs autres lieux on fait la petite monnoye de leton, ou de cuyure, ce qui apporte grãde incommodité pour la vilité de telles matieres. Mais la rosette estant le plus precieux metal apres l'or & l'argẽt, ne doibt point estre aliee d'autre meslange pour la conuertir en leton ou en cuyure. Et par ce moyē on pourra faire la monnoye de roſette large, & faciliter la forge, qui ne couſtera pas tant de beaucoup. tellement q̄ la moindre monnoye d'argēt qui pezera XII grains, vaudra XXIIII pieces de la moindre monnoye d'erain de deux deniers de pois. qui eſt la proportion d'vn marc d'argent à cent de roſette, anciennement gardee par la loy d'Arcadius Empereur, qui eſt auiourd'huy vſitee en ce royaume à peu pres. Vray eſt qu'en Almagne d'ou elle vient, on en a meilleur marché: combien que lōg temps au parauant par la loy Papiria, que l'aſſe fut reduit à demy once, la liure d'argent n'en valoit q̄ trente & cinq d'erain, ou peu au parauāt elle en valoit ſoixante & dix: & deuant la premiere guerre Punique, la liure d'argent valoit huit cent quarante liures d'erain, cōme i'ay dit cy deſſus. Mais pour faire le calcul, il eſt beſoing d'entendre que le denier Romain eſtoit la ſeptieſme partie de l'once, & non pas l'huitieſme, comme a pēſé le docte Budé. en quoy toutesfois il a ſuyui les anciens Grecs & Latins, qui luy ont failli de guarēd: car pour faire le conte rond, ils ont eſgalé la dragme, qui eſt l'huitieſme partie de l'once, au denier qui eſt la ſeptieſme: ce

qui

qui fait vn erreur fort notable aux grandes sommes. Et pour ceste cause, Apian, Pline, & Celse, ont prins garde de plus pres, & dechifré subtilement la difference monstrant q̃ le denier vaut vne dragme & trois septiesmes de dragme. de quoy George Agricole nous a aduerti. Il y a pareille faute en ce que Budé a prins la mine pour la liure : comme qui diroit escuz de nostre monnoye. ce qui aduiēt souuent en noz histoires: on peut entēdre escuz sol, ou escuz vieux, ou escuz couronne: & toutesfois il y a autant à dire, que entre huit, neuf, & dix. car pour faire l'once, il ne faut que huit escuz vieux, neuf soleil, & dix couronne. Noz historiens font vne mesme faute, quād ils font esgaux les marcs de Paris, Boulogne, Venize, Genes, Prouence, Touraine, qui sont tous differens en onces. Ce que i'ay bien voulu toucher pour entendre le calcul que i'ay fait cy dessus, & la proportiō des metaux, & que plusieurs suyuent l'opinion de monsieur Budé sans y prēdre garde.

Mais il y a vne obiection à ce que i'ay dit touchant le decri du billon: c'est que le pauure peuple seroit ruiné, veu que la richesse du pauure ne gist qu'au billon. Ie ne suis pas

 d'auis

d'auis qu'on le decrie tout à coup: mais qu'õ n'en forge poĩt pour l'aduenir, & peu à peu on s'en defera auec moins de perte. Et quãd bien on l'auroit decrié tout en vn moment, pourueu que le roy portaſt la moitié de la perte, le peuple l'autre, encores y auroit il beaucoup plus d'auantage pour le peuple, que forger de foible monnoye, & apres luy auoir donné cours, la decrier. Ie ne ſache homme de bon iugement, qui ne ſoit d'auis qu'il vaut beaucoup mieux ſoufrir vne telle ſaignee, pour tirer les mauuaiſes humeurs, que de languir d'vne fieure perpetuelle, qui redouble ſi ſouuẽt ſes acces. car nous voyõs que depuis l'an mil cinq cens trente & huit, ſans aller plus loĩg, qu'on ruina dix mil perſonnes en decriant les vaches de Bretagne, & dix ans apres que tout le billon roigné fut decrié, il s'eſt forgé des ſouz du tẽps du roy Henry à trois deniers douze grains d'aloy, qui ne valẽt pas le billon ancien roigné, ny la vache decriee. Et neantmoins on hauſſe tãtoſt le pris du billon ſans hauſſer l'aloy, pour reſiouir le peuple, comme vn malade quand on le fait boire froid: car cela eſt bien cher vendu au decri. D'auantage les faux mõnoyeurs ont mil moyens d'alterer le billon

lon

lon de diuers aloy, comme est l'aloy du denier, au double, & de cestuy-cy au liard, du liard au souz, & des souz aux pieces de trois & de six blancs, qui tenoyēt quatre deniers argent le roy: mais on n'en voit plus, d'autāt que les maistres des monnoyes y ont senti du profit à les conuertir en autre billon.

Or le pis que i'y voy, c'est qu'en telles trō peries la republique & le pauure peuple est ruiné: & n'y a q̄ les tresoriers, monnoyeurs, faussaires & vsuriers qui gagnēt. car les vns prestent à grand interest le billon, & puis trouuēt moyen de le faire decrier, pour estre payez en forte monnoye: les autres acheptēt à vil pris le billon decrié, car le peuple est cō traint de le vendre au plaisir des changeurs & maistres des monnoyes, si on ne le vend au marc. Les autres empruntent de tous costez, ayant senti le vent qu'on veut hausser la valeur des monnoyes: ou bien eux mesmes sollicitent les princes à ceste fin: comme i'ay aprins que fist vn grād seigneur en ce royaume, q̄ vous sçauez, monsieur, qui auoit cent mil escuz en ses coffres, il mania si bien cest afaire, qu'il fist soudain hausser le pris de l'escu soleil de quarante à quarante cinq souz, pour y gagner tout à coup vīgt & cinq mil

 francs.

francs. Et combien que le roy y gagne pour vn temps, toutesfois il aduient apres que la pauureté du peuple redõde ſus luy, comme diſoit Adrian l'Empereur du fiſque qui reſembloit à la rate, laquelle ne peut enfler que tous les membres ne ſeichent, auſsi le prince ne peut gagner en ceſte ſorte, que le peuple n'en ſoufre beaucoup, & luy encores plus. ce qui n'aduiendroit pas s'il n'y auoit du tout point de billon: car hauſſant le pris de l'or, il faudroit par contrainte abaiſſer le pris de l'argent: ce qui n'eſt pas en la puiſſance des princes, ſi ce n'eſtoit du conſentemẽt cõmun de tout les monarques & ſeigneurs ſouuerais: & ſi vn prince le fait en ſon pays, il oſte la trafique, ou bien il s'apauuriſt, & ſes ſubiects, qui ſont par ce moyen contraints de troquer à perte auec l'eſtranger, comme i'ay dit. Auſsi il ne ſe trouue point de prince qui change la proportion de l'or à l'argẽt, qui eſt quaſi cõme d'vn à douze, gardee en toute l'Europe: tellement que le marc d'or à XXIIII caratz, vaut douze marcs d'argent à douze deniers ſans remede, qui eſt le pris à peu pres d'Eſpagne & d'Italie, ou la liure d'or vaut onze liures & deux tiers d'argent: en Alemagne elle vaut vn peu plus de dou-

ze

ze: car ou il y a plus d'argẽt, il eſt moins prisé. L'ancienne valeur & proportion de l'or à l'argẽt, qui ſe gardoit en Grece & en Aſie il y a plus de deux mil ans, cõme teſmoigne Herodote, eſtoit de treize liures d'argent à vne d'or. Six cés ans apres au traité d'Aetolie, il fut arreſté, que les Aetoliens pairoyẽt aux Romains pour la liure d'or dix liures d'argent, s'il n'y a faute au nombre de Tite Liue, comme il eſt vray ſemblable: veu qu'il ſe trouue trois cés ans apres ou enuiron que la liure d'or valoit quinze liures d'argẽt, qui ſeroit vn changement trop grand en ſi peu de temps: ſi ce n'eſtoit que l'or fut de beaucoup plus fin que l'argẽt, & en l'autre exemple au cõtraire. car i'ay veu des medales d'or de Veſpaſian, à qui Pline dedie ſon œuure, qui ſont à vingt & quatre caratz, & n'y a pas vn trente & deuxieſme de carat d'empirance, au raport des maiſtres & generaux des monnoyes qui en ont fait l'eſſay. Ie ne trouue point que l'or ayt iamais eſté à plus haut pris, & depuis eſt touſiours rabaiſsé, car par l'ordonance d'Alexãdre Seuere, la liure d'or fut eſtimee quatorze liures & demye d'argẽt, & depuis ce temps là le pris eſt rabaiſsé iuſques à douze, qui eſt à peu pres la iuſte

propor-

proportion du vray pris. Car si nous prenõs le moindre pris, à sçauoir dix pour vn, qui fut au tẽps du traite d'Aetolie: & le plus haut qui fut onq̃s, à sçauoir vn pour quinze du temps de Pline, nous trouuerons que le moyen esgal entre deux est vne liure d'or pour douze & demye d'argent. Nous suiuons iustement le pris d'vn pour douze, qui est quasi commun en toute l'Europe, l'Asie, & l'Afrique: hors mis q̃ vers le pays de Septentrion ou les minieres d'argẽt abondẽt, & biẽ peu d'or, le pris de l'or est vn peu plus haut: & au contraire vers le pays Meridional & des Indes ou il y a plus d'or, le pris d'argẽt est plus haut qu'au pays froid. Mais la proportion ne passe point ordinairement vne vĩgt & quatriesme partie plus ou moĩs. qui est vne iustice necessaire & conuenable à tous les peuples quasi comme vne ordonance & loy commune publiee à la requeste des republiques en general, pour entretenir l'aliance, trafique, & amitié enuers les vns & les autres. Qui fut la raison pour quoy le roy des Indes, ayant veu la mesme proportion de l'or à l'argent qui estoit en son pays, estre gardee par les Romains, au raport qu'ẽ faisoit l'ambassadeur, loua leur iustice. car la

mon-

monnoye eſt vne loy à bien parler : auſsi les Gregeois appellent la monnoye & la loy d'vn meſme nom, comme nous diſons loy & aloy. Et tout ainſi que la loy eſt vne choſe ſainte, & qui ne doibt eſtre violee : auſsi la monnoye eſt vne choſe ſainte qui ne doibt eſtre alteree, depuis qu'on luy a donné ſon vray titre & iuſte valeur.

Ce ſeroit donques vne iniuſtice Barbareſque, & vne perte ineuitable au pays, ſi vn prince alteroit pour ſon plaiſir le pris de l'or & de l'argent, hauſſant ou rabaiſſant le pied des monnoyes forgees de ces deux metaux en meſme deſgré de bonté. car il y a autant à dire de l'or à vingt & trois caratz, au pris de l'or fin, qu'il y a de l'argent à onze deniers douze grains, au pris de l'argent fin à douze deniers. Et quand biẽ il ſe trouuera prince ſi mal conſeillé, il ruinera ſon peuple, ſon pays, & ſoy meſmes. Mais tenãt le cours & titre des monnoyes que i'ay dit, on fera ceſſer vn million de pertes qu'on voit pour le payemẽt des debuoirs en forte ou en foible monnoye, en or ou en argẽt, en eſcuz vieux ou nouueaux. Et par meſme moyen les reuenuz & rentes ſeront aſſeurees : l'eſtimatiõ des choſes mieux reglee: le changement in-

n certain

des monnoyes osté: la trafique plus aisee: la France enrichie: les courtizans escornez: les faux monnoyeurs bannis: & le pauure peuple soulagé.

Voila, monsieur, les raisons qui sont, à mon aduis, necessaires, ou pour le moins apparentes, touchant la charté des choses & l'ordre qu'on y peut donner. Mais pour cognoistre au vray si elles sont mettables, il ne faut que les raporter à la touche vifue de vostre meilleur iugement, qui en fera l'essay beaucoup mieux que la pierre Lydienne, ny que le feu ne sçauroit faire de l'or. ce qui m'a donné plus d'asseurance de mettre le tout en lumiere au veu d'vn chacun. car qui seroit celuy qui voudroit reprouuer ce que vous aurez vne fois aprouué? Ce n'est pas toutesfois q̃ ie pense en estre creu, qui seroit chose par trop ridicule: & moins encores pour cõtredire personne: ains pour semondre ceux qui sont mieux entẽduz aux affaires d'estat, d'y prẽdre garde vn peu plus soigneusemẽt qu'on ne fait. Et mesmes pour inciter monsieur de Malestroit à continuer, comme il a commencé, en vn si beau subiet. en quoy faisant les princes souuerains, qui ont puissance de donner la loy, auec ceux qui leur donnent

nent conſeil, ſeront, comme ie croy, plus reſolus en ce qu'il faut ordonner pour l'honneur & accroiſſemẽt de la republique, apres auoir entẽdu de pluſieurs les iuſtes plaintes & doleances du pauure peuple, qui ſent biẽ la douleur, mais la plus part ne peut pas biẽ iuger d'ou elle procede, & ceux qui en ont quelque iugement plus certain, ne peuuent auoir audience, ny autre moyen que par eſcripts, pour faire entendre la maladie à ceux qui peuuent aiſement y remedier.

FIN.

enier / pour la salade ancienne des hoe de cheval
quuy deniers / moissmes et leuangile
vous pas le denier ce vous ay promis
journee / 5 / de la feuille g - 2

www.ingramcontent.com/pod-product-compliance
Lightning Source LLC
Chambersburg PA
CBHW071211200326
41519CB00018B/5474
9782012578951